U0088668

臺灣歷史與文化 研究輯刊

初　編

第 **14** 冊

詔安客家廟祭祖研究
——以雲林縣崇遠堂爲例

張奉珠　著

花木蘭文化出版社

國家圖書館出版品預行編目資料

詔安客家廟祭祖研究——以雲林縣崇遠堂為例／張奉珠 著——
初版 — 新北市：花木蘭文化出版社，2013〔民 102〕
目 2+184 面；19×26 公分
（臺灣歷史與文化研究輯刊 初編；第 14 冊）
ISBN：978-986-322-267-5（精裝）
1. 祭祖　2. 雲林縣
733.08　　　　　　　　　　　　　　　　　102002949

ISBN-978-986-322-267-5

9 789863 222675

臺灣歷史與文化研究輯刊
初　編　第十四冊　　　　　　ISBN：978-986-322-267-5

詔安客家廟祭祖研究——以雲林縣崇遠堂爲例

作　　者　張奉珠
總 編 輯　杜潔祥
出　　版　花木蘭文化出版社
發 行 所　花木蘭文化出版社
發 行 人　高小娟
聯絡地址　235 新北市中和區中安街七二號十三樓
　　　　　電話：02-2923-1455／傳眞：02-2923-1452
網　　址　http://www.huamulan.tw 信箱 sut81518@gmail.com
印　　刷　普羅文化出版廣告事業
初　　版　2013 年 3 月
定　　價　初編　30 冊（精裝）新臺幣 60,000 元

版權所有·請勿翻印

詔安客家廟祭祖研究
——以雲林縣崇遠堂為例

張奉珠　著

作者簡介

張奉珠，作者生長於民風純樸的鄉間，自小即對古老的事物有濃厚的興趣，每每出遊必逛老街、廟宇、古蹟，對於古老的宗教信仰也深感興趣，每逢慶典常常思索其中緣由，因此認為能有機會深入理解調查古老的祭祀活動，實為一大樂也。

筆者愛讀書，常翻閱各類書籍，對於教化人心的資料更是深感興趣，從事教職二十年後更認為禮的教導是必須在生活中落實的，有禮的生活、有禮的社會是再創安定歷史文化的根基，能進入此領域又是一樂也。

提　　要

祭祖是我中華文化傳承數千年不容忽略的傳統，從古至今，上自天子下至庶人都十分重視追思自己的祖先，不論是緬懷、祈求或是恐懼。在雲林縣出現的「張廖」是一個特殊姓氏，可說是一「變姓」，又「張廖」是因繼承血緣而產生的，因此我們可說「一嗣雙祧」是新姓氏產生的方式之一。

張廖氏是來自於福建省的詔安客家，異於其他的客家：來源地不同、使用的語言也不同。而崇遠堂是張廖氏的家廟，祭祀的對象為張廖元子公，是張廖氏的開基祖。張廖氏每年在崇遠堂舉行春秋二次的祭祖大典，使用來自原鄉的語言、遵循著古禮行禮如儀般的進行祭祀活動，藉著祭祖活動來聯繫以血緣為基礎的親族情感。但因時間變遷，各種客觀環境的改變，崇遠堂的祭祖活動已經漸漸的改良，與古代進行的禮節稍有變異。

首先本文從祭品、祭儀與祭義方面分別與〈特牲饋食禮〉、《朱子家禮·四時祭》和臺中承祜堂做比較。祭品方面從飲食性祭品和功能性祭品來進行討論，祭儀方面則從祭祖前、祭祖時和三獻禮終等方面去做比較。接著探討祭義層面。最後得出，從歷史的軌跡來看古今祭祖儀式，因時間因素產生一些變與不變的現象。最後發現古今同樣堅持的理念(不變的現象)有：報本反始、敬宗收族及視死如視生。古今產生變異的（變的現象）有：祭祀期間的縮短、女性沒有出任第一線工作、功利思想的深化等等。

誌　謝

　　研究所對我來說原本是遙不可及的夢，在跌跌撞撞的旅程上居然把夢想變成理想，內心的喜悅難以言喻，如今終於完成了這篇論文，在此我首先要感謝我的指導教授——林葉連博士，他不但給我學業上的指導，我更從他身上感受溫文儒雅的風範，感謝他花費心思指導這個有興趣卻沒基礎的學生，如今終於能說出心中無以名狀的感謝！也要感謝兩位口委——劉煥雲博士、吳進安教授的辛勞與指導。

　　再者，我要感謝漢學所中的每一位老師，感謝你們建立一個溫床，讓我得以進入學術殿堂。也要感謝班上所有的同學，在學習的路上謝謝你們提供我寶貴的意見，並給我鼓勵與協助，如今能順利完成學業。關於張廖後代給予研究各方面的協助，一併致上十二萬分的感謝！

　　最後，我要感謝我至親的家人，繁忙的外子、活潑可愛的兒子——柏凱和鑑錞，謝謝你們在媽咪忙碌時能體貼，讓媽咪順利完成學業。當然也要感謝惠來國小的同仁，感謝你們的包容與支持。

　　最後的最後，我要將這份榮耀獻給在天上的父親！

張奉珠　謹誌
民國九十六年六月

目次

第一章　緒　論

　　本文研究對象爲臺灣的「詔安客」，在目前「詔安客」已成爲一專有名詞，祭祖是客家人生活中非常重要的一個環節，而「家廟」是一祭祀祖先的地方。本研究將藉著觀察臺灣詔安客家人在家廟中進行祭祖活動的種種，來探究詔安客家廟祭祖活動的變遷，因此題目定爲「詔安客家廟祭祖研究──以雲林縣崇遠堂爲例」，解析爲「詔安客，家廟祭祖研究」，而非「詔安，客家廟，祭祖研究」於此先闡明。

第一節　研究動機和目的

一、祭祖

　　「敬天尊祖」是中華民族的固有信仰，因此，一個氏族、一個家庭要是對祖先沒有虔誠的紀念，那麼這個家庭和氏族在精神上難免會若有所失，而傳統的紀念方式，則爲祭祀。在古代社會中祭祀活動佔有相當重要的地位。《禮記・祭統》：「凡治人之道，莫急於禮；禮有五經，莫重於祭。」〔註1〕《左傳・成公十三年》：「國之大事，在祀與戎」〔註2〕。以國家的角度來看祭祀活動代表著精神面的號召群眾，因此佔有不可或缺的地位，而在祭祀對象方面則包含了：

〔註1〕　《禮記》〈祭統〉（《十三經注疏》臺北：藝文印書館），頁830。
〔註2〕　《左傳》〈成公十三年〉（《十三經注疏》臺北：藝文印書館），頁460。

（一）自然崇拜

像絕大多數早期文明國家一樣，我國古代的自然崇拜也分爲天神、地祇以及其他萬物。《周禮·大宗伯》中記載「以吉禮事邦國之鬼、神、祇：以禋祀祀昊天上帝，以實柴祀日月星辰，以槱燎祀司中、司命、飌師、雨師；以血祭祭社稷、五祀、五嶽，以貍沉祭山川林澤，以疈辜祭四方、百物；以肆獻祼果享先王，以饋食享先王，以祠春享先王，以禴夏享先王，以嘗秋享先王，以烝冬享先王。」〔註3〕《周禮·小宗伯》：「兆五帝於四郊，四望、四類亦如之。」〔註4〕可知先祖對於祭祀的對象繁多，不論是天神、地祇、人鬼，連自然山川、萬物也都成爲祭祀的對象。《國語·楚語》觀射父：「古者民神不雜，民之精爽不攜貳者，而又能齊肅衷正，其智能上下比義，其聖能光遠宣朗，其明能光照之，其聰能聽徹之，如是則明神降之，在男曰覡、在女曰巫。是使制神之處位次主，而爲之牲器時服；而後使先聖之後有光烈而能知山川之號，高祖之主，宗廟之事，昭穆之世，齊敬之勤，禮節之宜，威儀之則，容貌之崇，忠信之質，禋潔之服而敬恭明神者。以爲之祝；使名姓之後，能知四時之生，犧牲之物，玉帛之類，采服之儀，彝器之量，次主之度，屏攝之位，壇場之所，上下之神、氏姓之出而心率舊典者爲之宗。於是乎有天地神民類物之官，是謂五官。各司其序，不相亂也，民是以能有忠信，神是以能有明德，民神異業，敬而不瀆，故神降之嘉生，民以物享。禍災不至，求用不匱。」〔註5〕說明天地山川、祖先崇拜都已出現，人與神通過巫覡祝宗彼此溝通，而且形成一定的禮拜儀式。

（二）祖先崇拜

《論語·泰伯》：「禹，吾無間然矣，菲飲食而致孝乎鬼神。」〔註6〕說明祖先崇拜從原始時代即已存在，不曾間斷過。而夏以前的祖先崇拜則不得而知，至於殷商雖有甲骨文研究可知商周祭祀制度存在著極大的差異，但在祭祀儀式部份仍不明朗。《儀禮》所載〈特牲饋食禮〉、〈少牢饋食禮〉（含〈有司徹〉）是古代祖先崇拜儀式唯一詳盡的紀錄。

〔註3〕　《周禮》〈大宗伯〉（《十三經注疏》臺北：藝文印書館），頁270～273。
〔註4〕　同上註〈小宗伯〉，頁290。
〔註5〕　易中天注譯：《新譯國語讀本》〈楚語下·觀射父論絕地天通〉（臺北：三民書局，2004年），頁451～452。
〔註6〕　朱熹集注，趙順孫纂疏：《論語纂疏（上）》〈泰伯〉（臺北：文史哲出版社，1986年10月，再版），頁1026。

　　饋食禮是最古老的儀式。饋食是士、大夫宗廟祭祀之禮，牲用飪（熟），故曰「饋食自熟始」。天子諸侯宗廟祭祀用饗禮，先薦生，後薦熟，故曰「郊血、大饗腥」（《郊特牲》），但是無論饗、食，其中都包含著一些共同的也是最古老的儀式：

　　1、設主。宗廟之主是周人祖先崇拜的物質實體。親死既葬，虞祭作主，十三月小祥練祭以栗主替代虞主，禫後入於廟中。主是祖先靈魂所依，若有師役則載毀廟之主以行，《史記‧周本紀》武王東觀兵於盟津，「爲文王木主，載以車」〔註7〕；啓征有扈氏誓曰《尚書‧夏書‧甘誓》：「用命，賞於祖，不用命，戮於社」〔註8〕。

　　2、厭祭。尸爲對祖先祭拜的實體，那麼獻祭就隨之而來。〈特牲饋食禮〉：「祝筵几於室中，東面，主婦纚笄，宵衣，立於房中南面，……主人及祝升，祝先入、主人從，西面於戶內。主婦盥於房中，薦兩豆……祝洗，酌奠，……遂命佐食啓會，……出，立於尸西，南面。……卒祝，主人再拜稽首。祝迎尸於門外。」〔註9〕這一系列儀式都在室中由祝完成，對象是主，禮家叫做「厭祭」（陰厭祭於奧，陽厭祭於室中西北隅）。

　　3、立尸。尸是活的神像，在設主獻祭出現之後。《禮記‧曾子問》：「祭必有尸乎？若厭祭亦可乎？」孔子答曰：「祭成喪者必有尸……，祭殤必厭，蓋弗成也。祭成喪而無尸，是殤之也」〔註10〕。人們大抵以爲這種無生命的神像並不能眞正享用祭品，於是產生了在活人中選擇一個（或一些）符合特定要求的人作爲死者的替身，由他們來享用祭品，才使祭獻者得到心理上的滿足。中國古代從什麼時候開始立尸，史無明文。《禮記‧禮器》：「周坐尸，詔侑武（無）方……夏立尸而卒祭，殷坐尸。」〔註11〕，那麼人們創造活神像的時代必然在夏代之前。祭祖先而立尸，是以一種十分古老的觀念爲思想

〔註7〕〔漢〕司馬遷撰，會合三家注：《新校史記三家注（一）》〈周本紀〉（臺北：世界書局，2004 年 12 月，六版二刷），頁 120。

〔註8〕國立編譯館主編：《尚書正義》〈甘誓〉（《十三經注疏分段標點》臺北：新文豐出版社，1935 年），頁 260。

〔註9〕顧寶田、鄭淑媛、黃俊郎注譯：《新譯儀禮讀本》〈特牲饋食禮〉（臺北市：三民書局股份有限公司，2002 年），頁 493～496。

〔註10〕姜義華注譯：《新譯禮記讀本》〈曾子問〉（臺北：三民書局印行，2000 年），頁 299～300。

〔註11〕同上註〈禮器〉，頁 353。

基礎的。《禮記・曲禮》說：「（爲人子者）祭祀不爲尸」〔註12〕，注以爲尸尊，
父尚在世而子爲尸，有失人子虔敬之道。但是若是祭祖，則非孫莫屬。《禮記・
曲禮》引古禮書云：「禮曰：君子抱孫不抱子，此言孫可以爲王父尸，子不可
以爲王父尸」〔註13〕；《禮記・曾子問》也說：「祭成喪者必有尸，尸必以孫，
孫幼則使人抱之」〔註14〕；《禮記・祭統》：「祭之道，孫爲王父尸，所使爲尸
者，於祭者子行也，父北面而事之，所以明子事父之道也。」〔註15〕由此看
來，孫爲王父尸是立尸風俗中最古老的形態。

　　而臺灣民間也保持了這種來源甚古的風俗，祭神與祭祖並重，歲時令節、
婚喪喜慶，必須祭神，也必祭祖。在行禮之際必須謹守著一定的禮儀規範，
當然隨著時代改變，社會風氣轉化，有些儀式也不復以往，但基本上必須具
備的祭品、祭儀……依然存在。

二、客家

　　客家名稱的由來：

　　目前所依據的客家來源大多採用羅香林教授之研究〔註16〕。也就是客家
人是中原漢族之一系，先後歷經五次大遷徙，才逐漸遷居至大陸南方各省。
但根據桃園縣中平國小〈饒平客家研究專題〉顯示客家之名，始於周代。其
論述如下：長久以來，客家人都以原來是住在中國北方的居民，活動範圍約
在今山西、河南、湖北間，後來因爲五胡亂華、黃巢之亂、北宋滅亡南宋成
立等因素，相繼南遷福建、廣東、江西等地。近年來關於客家的研究備受各
界重視，客家的由來除了客戶說外，又相繼有外人說、外族說、〔註17〕客居
說、夏家說、河洛說、客卿說、佃客說、客萌說〔註18〕、給客說、夯家說〔註

〔註12〕同上註〈曲禮上〉，頁 11。
〔註13〕同上註〈曲禮上〉，頁 32。
〔註14〕同上註〈曾子問〉，頁 299。
〔註15〕同上註〈祭統〉，頁 678。
〔註16〕羅香林：《客家研究導論》（臺北市：南天書局有限公司，1992 年），頁 37～
　　　　76。
〔註17〕外人說、外族說：根據客家遷入後與土著發生「土客械鬥」，土著對遷入族的
　　　　稱呼。
〔註18〕客萌說：類似新興民族，因時空環境原因造成由某多元化結合爲一體的民族。
〔註19〕夯家說：根據客家夯築土樓爲民居推論。

19〕、越人說〔註20〕等等十餘種。名稱雖異，都源與羅香林先生《客家研究導論》所謂晉元帝詔書所定的「給客制度」相關所述，在五胡亂華中原人民華夏族從黃河洛水遷移嶺南輾轉南遷的時候，「暫居」或「客居」或為「客戶」或「佃戶」或為夏之音轉「客」、河洛之音轉「客家」為推論。

根據清福州閩學專家蔡永兼《西山雜記》載：「福建周時有七閩，其地域即泉郡之畬家，三山之蜑戶，劍州之高山，邵武之武夷，漳岩之龍門，漳郡之南太武，汀贛之客家，此七族稱七閩。」關於七閩，何光岳的《南蠻源流史》載：《周禮·職方氏》載：「掌七閩八蠻」。鄭玄注：「閩，蠻之別也」，即閩乃蠻之別種。周朝所管轄的八蠻中，先後有華夏族的丹朱、祝融氏黎等所帶的群眾加入。

從以上史料記載看，周朝已確有客家種族，是七閩之一。上述史實說明：客家之名，始於周朝，現客家汀贛地居民周朝時已有客家種族之名。〔註21〕

而羅香林教授之研究顯示在五胡亂華時，根本沒有「客家」這個名詞，政府把從北方，為逃避戰亂、災荒或賦役而流離失所的漢人，稱為「流民」，而這些流民在思鄉心切下，往往在自己的家門上標示著在自己故鄉曾經有過顯赫業績的州郡之名，其情形有如李氏隴西望、趙郡望……等等。但是由於當代的人們，受到士族門第觀念甚深的影響，大多數人喜歡把本姓最顯赫的郡望做為本族的郡望，因而在譜牒上所常見的情況是，李氏必稱隴西，王氏必稱太原，陳氏必稱潁川，謝氏必稱陳郡，鄭氏必稱滎陽，何氏必稱廬江等情形。《南齊書·州郡志》云：

南兗州，鎮廣陵。時百姓遭難，流移此境，流民多庇大姓以為客。

元帝大興四年，詔以流民失籍，使條民上有司，為給客制度。

可知客家的「客」字，是沿襲晉元帝詔書所定的。但此「客」應該是指廣義的「客」，而不是單純的指今日客家人的「客」。到了唐宋，政府簿籍，乃有「客戶」的專稱。而客家一詞，則為民間的通稱，宋朝製作戶籍時，當時將自古以來即居住在該地的土著稱為「主」，以後從外地遷來的即稱作「客」；客家一詞於此誕生。宋朝遼人、金人的先後入侵，江、淮一帶居民紛紛南遷至廣東、福建一帶時，此時廣東各府州縣，幾乎都是漢畬雜處，當時政府為了方便管理，

〔註20〕越人說：根據現代醫學 HLA 血液檢驗比對的結果，客家人、閩南學老人、越南人最接近，都是古代越人的後裔。

〔註21〕資料來源：http://host.cpes.tyc.edu.tw/-team76/new_page_0.htm。

把原先居住的會搖稱之爲「主籍」，從北方遷來的漢人，稱之爲「客籍」，而被推定爲現在客家名稱的起源外，又有人認爲客家先民大多數曾爲「佃客」「佣夫」之故，而得其名。不過，又根據學者黃榮洛在客家雜誌第二十五期，所發表的研究，推測爲：「宋朝廷除了「論名」「孺人」或女人可帶龍頭手鐲的榮譽賜予客家人之外，在口頭上，或文書上，爲感謝這一群人，常常讚譽這一群人是宋朝廷坐上客，或客卿，這一群人認爲非常光榮，自認是宋朝廷的客卿、客人，以後就自稱他們是『客人』以自負自尊，這一群說原中原語的一族，遂成爲客人，滿清入侵後則稱爲客家人」。至於，在臺灣方面，根據福佬話中的說法，西元 1717 年出版的《諸羅縣志》，僅以一個「客」字來稱呼這些從廣東而來的移民。此後，大部份的臺灣地方志都以「客人」、「客子（仔）」或「客民」等冠上「客」的詞彙來稱呼他們。臺灣在日治時期，雖然已從中文輸入「客家」這個詞彙，但除官方正式場合、文書不太常使用外，臺灣的客家人，也一直以「客人」自稱。直到國民黨政府遷台後，國語成爲主流語言時，爲了和一般做客的「客人」有所區別，「客家」一詞才眞正的普遍化。〔註 22〕

（一）客家族群南遷的時代背景

客家並不是中國南方的土著，他們原本是北方的漢人，歷史上漢民族爲逃避戰亂、飢荒和政治不安而發生了幾次的大遷徙，這些通常是以有豐富糧產的中國南部爲目的地。客家人南遷大致上可分爲六個時期〔註 23〕：

第一時期：秦始皇併吞六國統一中國。秦代爲防止異族入侵，乃派遣大軍到廣東北部駐守，秦始皇死後他們也無法回到中原，其留下的後代子孫即被稱爲『北江客人』或『先客』。

第二時期：東晉永嘉以後，五胡亂華，『冠帶紳耆』的貴族，紛隨東晉政府南遷，這批相率南遷的漢人當時稱爲『流民』。

第三時期：唐朝末年，因藩鎮割據，黃巢作亂而受到迫害的人遷移到江西省西部、福建省西部與南部及廣東省東部與北部。

第四時期：南宋時期，金人南下及元人的入侵而入主中原，客家先民迫於外患，再次南遷。

〔註 22〕資料來源：客家文化研究 http://www.ktps.tp.edu.tw/hakka/report/re-2.htm。
〔註 23〕羅香林：《客家研究導論》（臺北市：南天書局有限公司，1992 年），頁 37～76。

第五時期：明末流寇之禍，清兵入侵，許多客家的節義之士紛紛投入抗清行
　　　　　列，有些客家人因此隨著明鄭部隊遷至臺灣。

第六時期：至清政權穩定之後的乾、嘉年間，客家人做了最後一次大規模的
　　　　　族群遷徙，這次遷徙的理由卻和以往恰恰相反，而是生活安定之
　　　　　後，人口激增，山區的耕田本來就有限，因此，許多人只得向外
　　　　　發展，紛紛渡海至南洋或臺灣，建立全新的勢力範圍。

（二）客家族群遷臺背景

　　根據現有的文獻記載，閩粵客向臺灣的遷移，最早始於明代中後期。明
末清初，民族英雄鄭成功在把荷蘭殖民者趕出臺灣之後，又把這裡作為反清
復民的根據地，故而大量招募大陸人民入台，開荒墾殖。正是從這時候起，
閩粵兩省的居民開始大規模的遷移臺灣，而大本營地區的客家人也隨之進入
臺灣。

　　不過，最早來臺的客家人，雖是跟隨鄭成功的部隊入臺，但人數並不多，
明鄭覆亡後，大都被清廷遣回原籍，對臺灣的開拓並沒有產生什麼影響，接
著又是清初的禁止移民渡臺政策，主要的理由是防止臺灣再度成為反清復明
之地，對客家人禁絕更嚴，因此客家人較大規模的移民，則是清康熙中葉以
後的事了。

　　「客家」，這個處處為客處處是家的族群，千百年來墾拓遷移，無論所遷
移的環境如何險惡，客家的語言與文化依舊「硬頸」〔註24〕的傳承與堅持著。
客家民系為尋求生活環境的安定，不斷的自中國大陸中原地區向南遷徙，長
期下來鍛鍊出堅忍的毅力與硬頸的精神，來向大自然生存法則挑戰。

　　客家人在大陸原鄉，大多居住在丘陵地帶，由於地理因素及明、清政權
交替之際的「海禁」政治因素，使得客家人遷移來台的時間較泉州、漳州族
群移民慢。平原一帶肥沃的土地，已先被泉州、漳州籍移民開發，因此客族
在台開墾的地區大多集中在南臺灣的六堆地區、中臺灣的東勢地區以及北臺
灣的桃、竹、苗地區。客家先民胼手胝足開墾建設，把荒漠變成良田，把原
野變成村莊，為後代子孫建設新家園。

（三）客家人在臺灣分布的情形

　　客家人在向臺灣的遷移過程中，一方面由於遷入地人口及經濟發展狀況

〔註24〕「硬頸」亦即擇善固執，堅持到底之意。

的不同，另一方面也由於其大本營向臺灣遷移的路線的差異，從而導致其在臺灣各地的分布及形成村落的時間也不盡相同。大致而言，客家人在臺灣的分布，經歷了一個以台南爲中心，繼續向南開發，然後再向北發展的先南後北的過程。

客家人移民來台，最初也散佈在臺灣西部，後因受到福佬勢力的影響，部分被同化，部分聚集山區，形成方言島。早期的客家人從原鄉來台，大都在打狗港、下淡水港或東港登陸，然後沿著下淡水溪入據屏東竹田、萬巒、高樹、高雄美濃……一帶，稍晚之後才有其他的客家人從鹿港、草港登陸，墾拓彰化、雲林及南投等地，或從崩山港、大安港登陸，入墾大甲、豐原、東勢；或從房裡溪、吞霄溪上岸，墾拓房裡、通宵、白沙屯等地區；或從中港、後瀧港登岸，散居在苗栗一帶；或從竹塹港、紅毛港登陸，開發新竹地區；或從南港、觀音登陸，成爲桃園主人的客家人……。故以目前的現象來看，臺灣的客家區可分爲北、中、南、東四地區。

（四）臺灣客家分類

客語本身分成許多的腔調，臺灣的客家人由於來源的不同，使用的客語也不盡相同。分辨臺灣客家最好的方法就是依語言腔調來區分，依照語言腔調可區分如下：

1、四縣腔

四縣指的是廣東省嘉應州梅縣附近的四個縣：興寧、五華、平遠、蕉嶺，在臺灣說四縣腔的地方主要是桃園縣的一部份、新竹縣的一部份、苗栗縣以及南部六堆地區。

2、海陸腔

海陸指的是廣東省惠州府的海豐和陸豐，在大陸這兩縣是以說潮州話爲主，部份說客語和廣東話。在臺灣說海陸腔的地方主要是桃園和新竹的一部份地區。

3、大埔腔

大埔指廣東省潮州府〔註25〕的大埔縣。在臺灣說大埔腔的地區主要是臺中縣的東勢、石崗、新社一帶。

〔註25〕根據國立聯合大學全國客家研究中心劉煥雲副研究員表示，近年來大埔縣已不屬於潮州府而改屬梅州府。

4、饒平腔

饒平屬廣東省潮州府。在臺灣說饒平腔的地區，主要是苗栗卓蘭的一部份和新竹少數地方。

5、詔安腔

詔安屬福建省漳州府。在臺灣說詔安腔的地區，主要是雲林的崙背一帶。由於在大陸上詔安就屬於福建省，在臺灣崙背的四週又都是說閩南語的區域，所以詔安腔客家話受閩南語的影響很大。

除了這些腔調外，還有永定腔、豐順腔等散居各地。通常所謂的詔安客即是指：發源於福建省漳州府詔安縣，說著詔安話的客家人。依照上述的分類方式，可以知道所謂詔安客即是來自福建省漳州詔安縣，用詔安話為溝通語言的族群。就臺灣目前所存在的詔安客，大多分布在雲林縣的崙背、二崙、西螺等地。僅剩零星耆老說著異於閩南話的詔安話。

（五）詔安客入墾雲林地區

依照來源地的分法，雲林客家可分為三類

1. 清代自福建詔安移入者，泰半定居西螺、崙背、二崙一帶，以廖、李、鍾等姓氏為多，現在仍講詔安客家話，一般稱為詔安客。

2. 源自廣東，選擇在斗六、斗南、大埤、古坑等地聚居，現在幾乎已完全福佬化，是福佬客的代表。

3. 日據時代自北部桃、竹、苗地區移入雲林，在林內、大埤、古坑、土庫等處各成小聚落，至今仍通用客語，一般稱為北部客。

雲林縣客家人，有分佈於西螺、二崙、崙背、虎尾以及斗六的說法當中，位於濁水溪南岸的崙背和西螺，可說是客家人在雲林縣最主要的聚居地。在早期，有來自福建詔安的吳姓，來到西螺南境和二崙、虎尾交界的「吳厝」之地拓墾。根據《雲林文獻》指出：「吳厝，顧名思義，當為吳姓開發，據當地父老稱：吳厝媽祖廟，朝興宮，歷史悠久，清康熙時由吳姓移民自福建湄洲奉請一神像前來此地供於家中，至廖姓移民遷入後，始建廟，隆重奉祀，後吳姓他遷，此廟遂由廖姓維持至今。」〔註26〕由上可知吳姓在「吳厝」地方拓墾，應該在清康熙時或是在康熙以前，就來到該地開墾了。在有關廖家

〔註26〕雲林縣文獻委員會編：《雲林文獻》第 26 輯（臺北市：成文出版社，1982 年
　　　6 月），頁 80。

在雲林的發展方面，根據《雲林縣志稿》〈卷首史略篇〉中，指出：

> 廖姓入台，隨嗣經有右武衛鎮左協廖進，授剿右鎮右營廖義，果毅
> 後鎮左翼將廖冬。康熙末有廖芳淋住下淡水。雍正年間有廖時尚住
> 彰化，廖朝孔入本縣墾褒忠馬鳴潭，廖玉入墾東螺西堡，廖揚世入
> 墾大屯山，廖簡岳入墾淡水。乾隆年間有廖孝、廖丹、廖君統、廖
> 富春、廖盛、廖合端、廖輝煌、廖培塔、廖有綸、廖似寧入本縣西
> 螺經商。道光年間有廖宗國、廖天鳳、廖廷俊、廖天送。〔註27〕

又根據劉還月所著的《臺灣的客家人》中，指出：

> 清康熙四十年（1701年），原籍中國福建詔安的客家人廖爲見〔註28〕
> 率領著族親渡海來台，從濁水溪口登岸後，沿著河上溯，最後在二
> 崙與西螺間墾荒闢地，歷經數十年之後，家族逐漸繁衍龐大。〔註29〕

由上可知，清‧康熙時，廖姓就開始來台，而且家族繁衍龐大，在二崙和西
螺兩地，分別形成一個相當大的客家聚落了。

現今臺灣最大一片漳州詔安客語區，係位於西螺西側的崙背、二崙鄉，
但也不是全鄉都說客話。以崙背街坊而言，商家、夜市、年輕學子都說福佬
語，而客語只有在廟宇、大樹下等傳統空間和老一輩人的對話中才聽得到。
造成這種現象的主要原因，是社會結構性的變遷、傳媒效應和主要家族〔註30〕
跟福佬通婚，致使下一代人的母語演變成福佬話。〔註31〕當詔安客來到臺灣
之後分居各地，原本操著家鄉特有的鄉音——詔安話，卻又因大環境的影響
逐漸消失中。

詔安客家是一獨特的族群，在一般的認知中，客家人大多來自廣東省，
但詔安客卻偏偏來自於閩南人眾多的福建省。客家人是極重視宗族的一支族
群，廖秋娥在〈觀音鄉閩客村落的宗族組織與生活方式〉提出：「客族向來
有『不准刈火』的習俗，祭祖地點集中於宗祠。閩人則多『香火分散各家』

〔註27〕仇德哉主修，鄒韓燕等纂：《雲林縣志稿》〈卷首史略篇續〉（雲林：新生印務
館，1978年），頁62。

〔註28〕根據廖丑：《西螺七崁與臺灣開拓史》中記載清康熙四十年來臺開墾者應是廖
朝孔，此處廖爲見應是誤植。

〔註29〕劉還月：《臺灣的客家人》（臺北市：常民文化，2000年），頁188。

〔註30〕此處所指之主要家族爲雙廖家族，即「生廖死張」之廖姓。

〔註31〕資料來源：哈客網，哈客通訊摘錄，福佬文字工作者張紘萍
http://www.ihakka.net/Archives.asp?UploadID=9&LayoutID=229&ArchivesType
=28&ArchivesID=3926。

缺乏凝聚力，久之，組織即較不嚴密，在現代化衝擊之下，或趨弛緩，或瀕崩解；而客族則組織一向較嚴密，歷經衝擊，仍能保持其組織的生命力。」〔註32〕客家人的宗族觀念非常濃厚，因此每年的祖先祭祀活動也較隆重，尤其「三獻禮」更可表現出客家人祭祖的文化特色。〈觀音鄉閩客村落的宗族組識與生活方式〉：「客家各聚落以宗祠為主核心，以各房公廳為次核心分布著。」〔註33〕崇遠堂是現今臺灣地區最大的祠廟建築，也是詔安客家張廖氏的宗祠。崇遠堂屹立至今已有八十多年，一直持續著春秋二祭的傳統，筆者有幸參與九十五年秋祭大典，歷經實際活動後再與書面資料文獻做比較，進一步與〈特牲饋食禮〉、《朱子家禮・四時祭》、臺中承祐堂〔註34〕祭祖大典做一探究。

　　除此之外張廖家廟遍及臺灣各地，例如臺中、南投……等等，這些家廟每年都有一定的祭祀活動，祭祀活動當日各地的子孫也紛紛歸鄉加入祭祀行列。在眾多家廟中唯一的始祖廟「崇遠堂」，也舉行春秋二祭來追念祖先。照理說始祖廟應是分布各地的張廖家廟精神中心所在，所有的儀節規範應是最完備，舉行春秋二祭時，後代子孫也應排開所有雜務一起回歸祖先精神象徵所在地——「崇遠堂」來緬懷祖先德澤，筆者將根據實際參與觀察後探討詔安客祭祖是否有其他值得思考的課題。

第二節　研究方法

　　本研究所採用的研究法包括歷史研究法、田野調查（field work）法、比較分析法、文獻分析法以及歸納法。其中在田野調查法方面，主要是以非參

〔註32〕廖秋娥：〈觀音鄉閩客村落的宗族組識與生活方式〉，《臺灣文獻》，42（2），頁117～207。

〔註33〕同上註。

〔註34〕西屯張廖家廟『承祐堂』位於台中市西屯區西平里西安街205巷1號，奉祀張廖第六世祖『張廖天與』，基地面積約有2925公畝，建築面積約為1488公畝，於光緒12年籌建，光緒13年（西元1887年）起建，大正5年（西元1916年）完工，其格局類似客家建築，主體建築以傳統三堂二過水加一圍屋之客家常見環形土樓，而其斗栱形式之多樣為它處少見，有方形、八角、碗形、菱形、花瓶形等，目前仍保持傳統家廟，即俗稱『紅廟、黑祖厝』之最大特色，我們從正殿、過水及圍屋外牆粉飾成黑色，可以窺見。
資料來源：臺灣尋根網 http://genealogy.hyweb.com.tw/ancestral_shrine_view.jsp?xml_id=0000305726&no=19001。

與觀察與訪談作爲蒐集資料的方法。比較分析法針對始祖廟和開臺廟在儀式上採同物件比較分析，同時也針對〈特牲饋食禮〉、《朱子家禮・四時祭》、承祐堂和崇遠堂祭祖儀式做不同物件比較分析，以便完成橫的比較和縱的比較。以下將大略介紹每一種研究法及本研究採用此種方法的原因。

一、歷史研究法

所謂歷史研究法是指有系統的蒐集及客觀的評鑑與過去發生之事件有關的資料，以考驗那些事件的因、果或趨勢，並提出準確的描述與解釋，進而有助於解釋現況以及預測未來的一種歷程。其研究步驟爲：界定研究問題，蒐集與評鑑資料，綜合資料，分析、解釋以及形成結論。

本研究所界定的問題有（一）張廖姓氏的起源爲何？從歷史脈絡了解姓氏的起源，因其存在而漸漸形成家族，歸納整理從姓氏到家族，以血緣爲紐帶的基礎下，形成怎樣的宗法制度，得以開拓出泱泱中國。而張廖氏在這樣的背景下萌芽茁壯，建立起開枝散葉的大家族，使得血脈得以綿延不絕。（二）崇遠堂祭祀公業組織演變，對祭祖活動的影響爲何？（三）和古老的〈特牲饋食禮〉與近代普遍流傳的《朱子家禮・四時祭》祭祖禮節是否有哪些差異呢？以及（四）和同是張廖子孫所興建的家廟臺中承祐堂，兩者在進行祭祖時是否又有些異同呢？

採用歷史研究法首重史料，史料大致可分成 [註35]：

1、主要史料（primary sources）指的是事件的眞正觀察者與參與者提出的報告，或過去使用的物體可供直接研究者。本研究所採用的主要史料有地方志、宗譜、族訊、相關研究資料……等。

2、次要史料（secondary sources）此項資料不是報導者眞正目擊事件而提出的報告；該報告或許是他和眞正觀察者交談之後，或閱讀觀察者的報告之後，再予以剪裁寫成，正因如此，在資訊的傳遞歷程中難免會造成歪曲的現象，因此只有在無主要史料可供採用時，才使用次要史料。

〔註35〕王文科：《教育研究法》（臺北：五南圖書出版股份有限公司，2003 年 10 月七版四刷），頁 288。

二、田野調查法

一般的田野調查，採用觀察和訪談為主要蒐集資料的方法。以下就本研究所採用的參與觀察與訪談分述如下：

（一）非參與觀察研究

所謂非參與觀察研究，就是指觀察者純然扮演觀察的角色。在觀察進行之前，觀察者通常被介紹給團體成員認識，然後置身在情境之外觀察所欲觀察的現象。在此種情境之下，觀察者被視為局外人，他在情境中但不參與任何活動。

在本研究中主要參與觀察的部份，為詔安客祭祖儀式的實際過程。希望在自然的情境中觀察整個詔安客祭祖儀式、主事者的準備過程、參與祭祖儀式的身分背景，以獲得相關的資料，並印證由訪談和文件等其他方法所蒐集的資料。再則也希望經由個人親自參與現場，能更深刻確實的詮釋與描寫。

（二）訪談──面訪、電訪

根據在訪談的過程中研究者對於情境的控制程度，由低而高可將訪談分為三種類型。

1、非結構式的訪談（unstructured interviewing）：訪問者事先可能預設一些題目，就題目提出問題，但並無訪談大綱資料，題目也可能視情境而產生的立即反應。這種訪問沒有使用訪問表格（interview schedule）事先決定好的訪問程序，對於受訪者的反應，也沒有任何限制。因此，訪問的情境較開放，且具有很高的彈性與自由。雖然訪問的目的會支配所要問的問題，但問題的內容、順序、以及問題的用語，可由訪問者自由改變，以配合訪問的情境與受訪問者的性質。有時，訪問者鼓勵受訪者自由表達其思想，而僅以少許問題導引會談的方向而已，故在某些情況之下，連受訪問者也不知道自己正在接受訪問，因此較不可能偽飾自己的反應。

2、半結構式的訪談（semistructured interviewing）：事先準備好的訪談大綱進行訪談，而訪談大綱只是指引訪談的方向，其問題及順序可依當時情境做彈性的調整。此種訪談方式因有大綱引導，較不易離題，訪談者也不至於陷入無話可說的窘境。但也需注意避免為拉回正題而讓受訪者感到不受尊重，造成不願回答或不真切回答的現象。

3、結構式訪談（structured interviewing）：事先準備好訪談大綱，並依照

大綱上的問題一一做訪談。因爲訪問的內容與程序，均在訪問進行之前就已標準化，訪問的實施，完全遵照預定的訪問表格，逐一進行。此種訪問的主要特點是採用一樣的方式呈現相同的問題，而問題呈現的順序和用詞也一樣。而且，受訪問者的反應答案，通常也受到限制，只能在預定的項目中做選擇。甚至，訪問開始與結束的用語也都一樣。此種結構性訪問，主要的優點是：

（1）經由不同的訪問所收集到的資料，易於比較。

（2）訪問資料的紀錄和轉換比較沒有困難，因此，正確性較高。

（3）由於訪問的問題與實施程序，都於事前標準化，具有良好的控制，故較可以建立科學的通則。

（4）訪問的情境愈其有結構性，訪問者的注意力愈不易爲無關因素所分散。

本研究將非結構性訪談和半結構性訪談作爲主要的訪談策略，以獲得有關整個活動的資料、並在事後再以電話訪談來補充或確認資料，期使資料更加完整、精確。訪談的對象爲目前參與詔安客祭祖活動的成員：包括現任育英會董事長、總幹事、崇遠堂管理員、宗親會理事長、禮生及其他相關人員。

三、文獻資料分析法

文獻資料分析法屬非反應類研究法之一，指的是從政府文獻或以前的調查中蒐集現成的資訊進行分析〔註 36〕。文獻資料的來源包羅萬象，可以是政府部門的報告、工商業界的研究、文件記錄資料庫、企業組織資料、圖書館中的書籍、論文與期刊、報章新聞等等。其分析步驟有四，即：閱覽與整理（Reading and Organizing）、描述（Description）、分類（Classfying）及詮釋（Interpretation）〔註 37〕。

本研究欲歸納以往有關詔安客家廟祭祖的研究文獻，並分析其研究的成果與不足之處，以作爲本研究的基礎。因此除了有關詔安客祭祖活動的研究文獻之外，也蒐集了相關的族譜、照片、錄影帶，以資分析探究。

〔註 36〕 Neuman（1991），朱柔若譯（2000）：《文獻探討》頁 171～204。

〔註 37〕 林生傳：《教育研究法——全方位的統整與分析》（臺北：心理出版社，2003年）頁 429～432。

四、歸納法

　　歸納法是從眾多事實中發掘原理原則，組合各明確且特定的單項概念，求出其關聯性而歸結出一個總括性的概念。其步驟為（1）事項觀察（2）綜合歸納（3）導出理論。

　　本研究經由文獻資料分析後，再依據分析資料加以歸納整理，以總結出（1）崇遠堂家廟祭祖的一些原則（2）〈特牲饋食禮〉（3）《朱子家禮。四時祭》的祭祀情形（4）承祜堂祭祖情形。最後再將歸納之資料以比較分析法進一步加以比較。

五、比較分析法

　　（一）不同物件的比較：不同物件的相互比較是一種橫向的分析方法。通過比較分析，從中找出事物的不同點，有利於我們正確認識事物的本質。

　　（二）同一物件在不同發展階段的比較：同一物件在不同發展階段的比較，即前後比較，是一縱向的分析方法，運用這種方法便於認識同一物件在不同發展階段的特徵和整個發展過程的一般規律。

　　本文採用「不同物件的比較」，比較主體為臺中承祜堂的祭祖儀式和雲林崇遠堂的祭祖儀式，探討始祖廟與非始祖廟在祭祖上有何差別；再進一步採用「同一物件在不同發展階段的比較」比較雲林崇遠堂的祭祖儀式和〈特牲饋食禮〉、《朱子家禮・四時祭》中的祭祖儀式，古今有哪些差異處。

第三節　前人研究成果探討

　　禮俗文化在中國綿延數千年，當然累積了無數的研究資料，以下就本文所討論到的方向，做文獻探討。

一、禮俗研究方面

1. 〔清〕趙執信撰：《禮俗權衡》（北京市：北京出版社，2000 年，第一版（影印本））。

2. 徐金虎編：《禮俗宗教法令》（臺中市：瑞成出版社，1969 年）。

3. 高明誠編：《禮俗資料彙編》（嘉義市：省立嘉義女子高級中學，1991年，增訂版）。

4. 北平女子師範大學研究所主編：《禮俗》（臺北市：東方文化出版社，1987年）。

5. 王貴民：《禮俗史話》（臺北市：國家，2003年，初版）。

以上各書均針對傳統各項禮俗活動做概括性的介紹，讓一般大眾對歲時禮俗有適當的了解，包括一年中的節慶禮俗有哪些、各節慶祭拜的主要神祇等等。對於禮俗知識傳播有廣泛的貢獻，但其為概略性介紹並非針對某種禮俗專門深入探討。

6. 東方望編：《家禮集成》（臺北縣新莊市：滿庭芳，1992年）。

7. 澎湖縣文獻小組編：《祭祖大典》（澎湖縣馬公市：澎湖縣文獻小組，1984年）。

8. 劉源著：《商周祭祖禮研究》（臺北：商務印書館，2004年10月）。

以上專書針對祭祖禮節做說明，詳細介紹祭祖時的種種情形，針對祭祖時的方法提出比較分析、並更深入探討祭祖時要面對哪些問題。

期刊論文：

王源東〈臺灣常民文化內容之探究〉、董金裕〈傳統禮俗在法治社會中的作用〉、金善豐著；徐瓊譯〈歲時禮俗中的環境觀〉、黃有志〈淺析中國傳統禮俗中的道德教化運作〉、張振華〈中國歲時節令禮俗〉、邱德修〈客家牢禮考源〉，從文化面、法治面、環境面和道德面來談論禮俗，說明禮俗深植人心並且多方面影響國人的觀念。

學位論文：

1. 國立臺灣大學歷史研究所章景明〈周代祖先祭祀制度〉，民國62年。其探討的對象為周代，著眼於對周代祖先祭祀的本來面目有所瞭解，可窺見古史之真象，同時也有助於對中國古今社會風俗習慣與思想觀念的認識。

2. 國立中興大學中國文學系郭文涓〈家廟祭祖研究——以臺中市張廖家廟為例〉，民國92年。以臺中三級古蹟承祐堂為例，探討有關祭祖的種種，並親身參與調查祭祖過程。

二、儀式方面

儀式方面資料繁多，茲列以下數本與本文探討較相關的文獻：

1. 鄭依憶著：《儀式、社會與族群：向天湖賽夏族的兩個研究》（臺北：允晨文化，2004 年，初版），針對特殊族群賽夏族祭典中儀式加以記錄並從中探討其代表意義，批露出特殊族群的祭典儀式並說明其相對意義，讓世人得以一窺神秘祭典面貌進而深思。

儀式方面我們當然不能遺漏針對最早文獻《儀禮》《周禮》《禮記》……等等的探究資料，但也因資料過於繁多且研究目標非常專一，所以無法一一列述。

期刊論文：

陳秋坤〈潘頭家祭祖〉，王立文〈祭祖儀式意涵之探索〉，劉芳佑、劉煥雲、張民光、黃尙煃〈從李氏公廳祭儀展演論台灣客家文化保存之道〉針對祭祖儀式的種種儀節和其蘊含的意義加以論述。

學位論文：

1. 文化大學中國文學研究所彭妙卿〈儀禮少牢饋食禮儀節研究〉，民國 69 年。
2. 國立臺灣師範大學中國文學研究所文智成〈儀禮喪服親等服制研究〉，民國 73 年。

三、姓氏方面

1. 汪澤樹著：《姓氏‧名號‧別稱：中國人物命名習俗》（成都市：四川人民出版社，1993 年，第 1 版），從姓氏、名號、別稱著眼來探究中國人物命名的習俗，用歸納方式將命名的習俗整理出來，但僅就中國歷代有名之人並無達到普遍性。
2. 劉宗迪著：《姓氏名號面面觀》（濟南市：齊魯書社，2000 年，第 1 版）。
3. 王大良編：《姓氏探源與取名藝術》（北京市：氣象出版社，1996 年，第一版）。
4. 黃河新撰：《姓氏與黃姓源流考》（北市：黃河新，1965 年）。

5. 何曉明著：《中國人的姓氏名號》（漢口市：湖北教育出版社，1999 年，第 1 版）。

6. （清）陳廷煒：《姓氏考略》（臺北市：新文豐，1985 年，初版）。

7. （明）李日華：《姓氏譜纂》（臺南縣柳營鄉：莊嚴文化，1995 年，初版（影印本））。

以上各書探討姓名的起源、各種形成因素、代表的意義等，普遍介紹中國人的姓氏知識，但並沒有紀錄「一嗣雙祧」成爲新姓氏的產生方式。

期刊論文：

王大良〈姓氏、家譜與民族凝聚力〉，林瑤棋〈臺灣漢人常見的姓氏聯宗〉討論由姓氏而家族，五百年前是一家的概念產生血脈相連之凝聚力，更藉由家譜傳承下來。

學位論文：

1. 玄奘大學中國語文學系周惠菁〈由《說文》女部見古代女性的社會地位〉，民國 93 年。

2. 臺北市立師範學院應用語言文學研究所石諺群〈先秦姓氏名字研究〉，民國 93 年。

針對在人類社會發展的過程中，姓名反映時代下的社會、文化與生活，而社會、文化與生活也不斷影響著人名，探討兩者不斷交互作用的結果。且論述姓名不但是社會關係中標誌血緣關係的符號，也是古代社會結構組織和政治意識型態的一部份。姓名的演變可以反映出中國社會結構的發展、各民族的融合、婚姻習俗以及社會意識型態的變化。

四、宗法制度

1. （清）程瑤田：《宗法小記》（清道光九年（1829）廣東學海堂刊咸豐十一年（1861）補刊本），闡述傳統中華文化中之宗法制度，說明宗法制度之下的親親關係及其他種種應遵守的禮節。

2. （清）萬斯大：《宗法論》（道光十三年（1833）刊本）。

3. 陳錫勇著：《宗法天命與春秋思想初探》（臺北市：文津，1992 年，初版）。

4. 劉廣明著：《宗法中國》（上海市：生活・讀書・新知三聯書店，1993年，第 1 版）。

以上各書從嚴謹的宗法制度探討中國社會型態，天子繼位背後的宗法結構、力量，甚至整個中國社會型態即是嚴謹的宗法組織，層層疊疊看似複雜卻有序的網絡交織而成，形成階級分明、關係清楚的社會狀態。

期刊論文：

周何〈宗法簡述〉，傅信玉〈中國古代宗法社會之政治倫理觀探析〉，趙林〈論商代的父與子〉。探討家族組織法則與繼承問題，更深入探析其所代表的政治倫理，天子或是宗主是天下的共主，即使不滿意但仍需尊宗敬祖，因違背此一倫理即是違背社會中的倫常觀念。

學位論文：

1. 國立臺灣師範大學中國文學研究所〈沈恒春宗法制度研究〉，民國 69 年。論述宗法的本義、宗法制度溯源、實行宗法之社會階級、宗法制度之傳承、論述宗人對宗所應盡之禮數、宗法制度之特徵、宗法制度之社會價值與時代意義等等。
2. 國立臺灣師範大學國文學系侯瑞琪〈從宗法制度看臺灣漢人宗族社會〉，民國 85 年。
3. 玄奘大學中國語文學系莊振局〈春秋時代倫理研究〉，民國 93 年。

從外緣內緣來探討宗法制度的發展、先秦宗法制度之內容、臺灣漢人宗族社會、臺灣漢人宗族模式與先秦宗法比較、臺灣漢人宗族功能與先秦宗法。重點著重在先秦時期漢人宗法制度與現今臺灣社會的發展變異。

五、福佬客

1. 威迪影視傳播公司製作，公共電視臺監製《臺灣福佬客》（錄影帶共 14 集）2000 年。
2. 《臺灣的雙廖家族》（錄影帶）2001 年。
3. 出版者不詳：《嘉義：臺南地區福佬客調查研究報告》2002 年。
4. 臺北市廣播電視事業發展基金：《客家風情畫（一）雲林客家福佬客》（錄影帶）。

以上爲影視資料，從通俗文化角度介紹臺灣的福佬客日常生活風情，發現詔安客家人的日常生活有大部分已被影響同化，轉變成福佬客的現象越來越普遍。

期刊論文：

莊華堂〈客家人、福佬客的開發背景的現況〉，林正慧〈從客家族群之形塑看清代臺灣史志中之「客」——「客」之書寫與「客家」關係之探究〉、〈閩粵？福客？清代臺灣漢人族群關係新探——以屏東平原爲起點〉，林瑤棋〈臺灣閩客族群的血緣與修譜新觀念〉，張開龍〈閩臺客家人文化心態比較〉，楊國鑫〈現階段客家學的定位：從方法論的角度探討〉，劉煥雲〈臺灣客家學初探〉，劉煥雲：〈二十一世紀台灣多元化政策與客家文化保存之道〉、〈全球化、民主化與本土化——台灣客家文化政策之研究〉，劉煥雲、張民光、黃尙煃：〈客家「公廳」與「阿公婆牌」之研究〉、〈臺灣客家陰宅「佳城」及其文化之研究〉，劉芳佑、劉煥雲、張民光、黃尙煃：〈從李氏公廳客家祭儀展演論及臺灣客家文化保留之道〉，郭伶芬〈清代彰化平原福客關係與社會變遷之研究——以福佬客的形成爲線索〉，張開文〈客家與閩西關係概述〉，吳正龍〈彰化福佬客之研究——員林鎮挖仔與茭公堂聚落的調查〉。文章中有探究福佬客起緣的以及臺灣各地的福佬客差異，進而分析台閩族群的關係和差異。

學位論文：

1. 國立政治大學民族研究所林修澈：〈員林的福佬客〉，民國 92 年。

2. 國立新竹師範學院臺灣語言與語文教育研究所陳秀琪〈臺灣漳州客家話的研究～以詔安話爲代表〉，民國 90 年。

3. 彰化師範大學國文學系梁玉青〈臺北縣三芝鄉福佬客的閩南語語音研究〉，民國 90 年。

4. 國立臺灣師範大學華語文教學研究所吳中杰〈臺灣福佬客分佈及其語言研究〉，民國 87 年。

六、詔安客

期刊論文：

李坤錦〈詔安客家人在臺灣的開墾與分佈〉，林瑤棋〈西庄陳氏家族詔安

尋根記實〉。研究詔安客家在臺灣的開墾與分佈，並且觀察實際家族尋根並將
之完整紀錄。

學位論文：

（1）國立雲林科技大學文化資產維護所施諭靜提出〈此客非彼客？——
　　　從詔安客家的認同行動談起〉，民國93年。論及詔安客刻意保存其
　　　獨特性，而不走一般客家普遍文化，擂茶、粄條……等。並討論文
　　　化主流的形成是群體力量的努力，雲林地區的詔安客雖已成所謂的
　　　「福佬客」，但近年來有心人士已努力耕耘，企圖培養下一代會說
　　　眞正的母語。

（2）國立政治大學民族所賴閔聰〈員林的福佬客〉，民國92年。文中第
　　　二章第四節探討員林游姓福佬客源始於詔安客。

（3）國立羅東高商歷史教師，政大民族學所簡瑛欣在「宜蘭研究」第六
　　　屆學術研討會中發表一篇〈蘭陽平原的詔安客——以聚落分布爲中
　　　心〉，民國92年。探討蘭陽平原的詔安客分佈，並整理出蘭陽平原
　　　上各姓氏的分布地。

（4）臺北市立師範學院應用語言文學所廖烈震〈雲林縣崙背地區詔安客
　　　話音韻研究〉，民國91年。討論詔安客話音韻。

（5）輔仁大學語言學所楊名暖〈彰化、雲林地區客家人的語言轉換〉，
　　　民國77年。論客家語的死亡與轉換。

七、家廟祭祖

期刊論文：

劉芳佑、劉煥雲、張民光、黃尙煇〈客家「公廳」與「阿公婆牌」之研
究〉，劉煥雲、張民光、黃尙煇〈臺灣客家陰宅「佳城」及其文化之研究〉廖
經庭〈通霄李氏公廳的客家祭儀活動〉、〈祭祖展演與家族記憶：彭姓崇本嘗
會祭祖的田野調查研究〉，吳中杰〈臺灣漳州客家分佈與文化特色（上）〉、〈臺
灣漳州客家分佈與文化特色（下）〉，侯夙芳〈客家村落祭祀、喪禮活動之研
究〉。家廟祭祖應屬於禮俗的一部份，但此處因牽連到祭祀公業的問題，所以
特意將之另立一名目。

學位論文：

（1）甘懷真教授所完成的〈唐代家廟制度研究〉，民國 76 年。側重在唐代，筆者也從中吸收其對家廟的定義。

（2）中華大學建築與都市計畫學黃炳鈞〈臺灣北部客家祠堂之研究〉，民國 86 年。其中第三章（經由臺灣客家衲結構與民間信仰，瞭解客家人對於祖先祭祀的觀念與認知。）、第四章（探討北部客家的祭祖觀念與祭儀對北部客家之影響）針對客家祭祖觀念祭儀部份有提出探討。

（3）中國文化大學史學所師瓊珮《《朱子家禮·四時祭》對家的理解——以祠堂為探討中心〉，民國 91 年。深入討論先秦至宋代各朝代中家廟的意義和演化。

（4）國立中興大學中國文學所郭文涓所完成的〈家廟祭祖研究——以臺中市張廖家廟為例〉，民國 92 年。與本研究目標最為相近。本人亦從此論文獲益良多，但此篇並未深入探究張廖為詔安客的背景，並且就崇遠堂而言，臺中市張廖家廟僅是別子為祖的一例，因此如能從源頭探究再互為比較，更可得出祭祖在社會中所顯示的意義。

（5）雲林科技大學文化資產維護所黃慶聲〈家廟祭祀行為與建築空間關係初探——以臺中市家廟為例〉，民國 93 年。詳實調查臺中市家廟，並探究因家廟祭祀活動而發展出兩種空間使用方式，以及宗族組織發展因大小公而呈現不同的結果。

第二章 「張廖」家廟崇遠堂

第一節 姓氏起源

　　人類社會中的任何民族、任何族群都有自己的姓名或姓氏制度，它的產生大多數是在自然環境下，自然發生的。依據人類文化研究資料顯示，人類是群居的動物，因此為了界定群體活動範圍，為了標示群體獨立的意志，姓氏制度自然而然就產生了。但就中華文化而言姓氏制度被刻意發展成為複雜社會制度的基礎，中國社會從族外群婚〔註 1〕進入對偶婚〔註 2〕；從母系社

〔註 1〕根據蘇冰、魏林：《中國婚姻史》中認為婚姻制度有「亂婚」、「雜婚」的階段。此階段並不是真正的婚姻階段，而是屬於前婚姻階段。如《呂氏春秋‧恃君覽》：「昔太古嘗無君矣，其民聚生群處，知母不知父。無親戚、兄弟、夫妻、男女之別，無上下、長幼之道。」(《呂氏春秋校釋》，頁 1321)。《商君書‧開塞》：「天地設而民生之，當此之時，民知其母而不知其父。」(《商君書注釋》，頁 73)。《莊子‧盜跖》：「上古之世……民知其母，不知其父。」(《莊子集釋》，頁 995)。《白虎通‧號》：「古之時，未有三綱六紀，民人但知其母不知其父。」(《白虎通》，頁 21)。而成母系社會。接著婚姻制度進入內婚制，內婚制即是要求族人在特定社會群體內通婚，成為一般意義婚姻制度的雛型。後因轉為宗法意義的外婚（外婚制：要求與特定的社會群體以外的人通婚。），內婚制才漸漸消弭。婚姻制度從內婚制轉為外婚制的過程也使得宗法制度亦趨完善。
〔註 2〕對偶婚是指異姓同輩男女一對一對的配偶，在一段時間內實行同居。這種婚配形式，大約發生於五千年前的新石器時代的中、後期。對偶婚制在中國一些少數民族地區一直保留到近代。例如：雲南寧蒗縣永靈地區納西族的「阿柱」婚。籍秀琴著《中國姓氏源流史》(臺北：文津出版社，1998 年)，頁 223。

會轉變成父系社會〔註3〕，再建立家庭制度。此些制度均建立在嚴謹的姓氏制度之下。

　　就現存認知，我們認爲姓即氏，氏即姓並無區別，然而三代以前姓氏所代表的意義是不同的。鄭樵《通志‧氏族略序》曰：「三代之前，姓氏分而爲二；男子稱氏，婦人稱姓。氏所以別貴賤，貴者有氏，賤者有名無氏，故姓可呼爲氏，氏不可呼爲姓。姓所以別婚姻，故有同姓、異姓、庶姓之別。氏同姓不同者，婚姻可通，姓同氏不同者，婚姻不可通；三代以後，姓氏合而爲一，皆所別婚姻，而以地望明貴賤。」〔註4〕姓氏分別代表男女、區別貴賤、並代表著婚姻的限界不可逾越，可知姓與氏是被嚴格區分。而《春秋公羊傳注疏》：更進一步說明血緣關係的存在不能相互通婚：「禮不娶同姓。」又「父母同姓，其出不蕃」〔註5〕；《國語‧晉語》：「同姓不婚，惡不殖也。」〔註6〕此處也說明了同姓通婚則可能繁衍出基因不良的下一代，因此姓的區別作用就非常的重要，姓代表具有共同血緣的團體，不能互相通婚，以免不符合禮教，更導致下一代的子孫品質不優良。

　　姓代表具有共同血緣的團體，其中有分別的作用，有姓氏爲貴，標示著尊貴的身分，而氏僅是姓的分支。姓形成後即非常的穩定，而氏則不然，相對於姓，氏會隨著各種歷史條件而產生變化。

〔註3〕楊彥鈞：氏族聯合爲部落。氏族經歷母權制和父權制兩個發展階段。母權制是原始社會低下的生產力和早期群婚制的必然產物。在這種制度下，人們無法確定孩子的父親，只知道孩子的母親；婦女經營農業，管理家務，在經濟生活中起著主導的作用，她們在氏族中居於支配地位，世系按母系計算，財物歸母系血緣親族繼承。隨著畜牧業的發展和群婚制向對偶婚制的過渡，男子在經濟生活中處於支配地位，人們可以確切知道孩子的父親，世系改按父系計算，財物改由父系血緣親族繼承，男子成爲維繫氏族的中心，母權制遂被父權制所代替。
　　　（資料來源：203.68.192.2/web/Content.asp?ID=57343）

〔註4〕（宋）鄭樵：《通志》〈姓氏序〉（臺北：臺灣商務印書館有限公司，1987年12月台一版），頁439。

〔註5〕《春秋公羊傳注疏》卷28〈哀公十二年〉《十三經注疏本》（一八一五年阮元刻本），頁352。

〔註6〕左丘明撰，韋昭注：《國語》（臺北：臺灣中華書局印行，1983年臺五版），卷十，頁15。

一、姓氏的源起

　　氏族〔註7〕是上古時代最初原始人群較穩固的組織形態,此時氏族是文明誕生以前最主要的社會組織。後來即使社會進入文明,氏族也曾長期存在,《史記・夏本紀》載:

　　　　太史公曰:「禹爲姒姓,其後分封,用國爲姓,故有夏后氏、有扈氏、有男氏、斟尋氏、彤城氏、褒氏、費氏、杞氏、繒氏、辛氏,冥氏、斟氏、戈氏。」〔註8〕

顯示以氏族爲國的情形普遍存在,殷商、周朝皆如是,周將殷商氏族分封給魯:

　　《左傳》定公四年:

　　　　「殷民六族:條氏、徐氏、蕭氏、索氏、長勺氏、尾勺氏,使帥其宗氏,輯其分族,將其類醜,以法則周公,用即命于周,是使之職事于魯。」〔註9〕

又分封於晉,《左傳》定公四年:

　　　　「殷民七族:陶氏、施氏、繁氏、錡氏、樊氏、饑氏、終葵氏。」
　　〔註10〕

可知氏族組織在中華文化中曾經存在,它的存在意義也是不容我們忽視。

　　遠古時代爲母系氏族社會。《白虎通》云:「古之時,未有三綱六紀,人民但知其母,不知其父」〔註11〕,每一個氏族的成員,都出自同一個母系祖先,當時爲「男女雜遊,不媒不聘」〔註12〕,過著群婚的生活,因而子女只

〔註7〕　楊彥鈞:氏族即是以血緣關係爲紐帶形成的社會共同體。又稱氏族公社。它是原始社會一定發展階段上的社會組織和經濟組織的基本單位。氏族大約產生於舊石器時代晚期,其主要特徵是:靠血緣紐帶維繫,實行族外婚;生產資料歸氏族公有,成員共同勞動,平均分配產品;公共事務由選舉出的氏族長管理,重大問題(血親復仇、收容養子等)由氏族成員會議決定。在共同經濟生活的基礎上,形成氏族共同的語言、習慣和原始的宗教信仰。
　　　　(資料來源:203.68.192.2/web/Content.asp?ID=57343)。
〔註8〕　(漢)司馬遷:《新校史記三家注》〈夏本紀〉(臺北:世界書局印行,1993年),頁87。
〔註9〕　《春秋左傳正義》卷54〈定公四年〉《十三經注疏》(一八一五年阮元刻本),頁947。
〔註10〕　同註40,《左傳・定公四年》頁948。
〔註11〕　陳立:《白虎通疏證》卷2〈號篇〉(北京:中華書局,1994年8月一版),頁50。
〔註12〕　《列子譯注》(臺北:書林有限公司,1995年8月一版),頁122。

能確認其母而不能確定其父，正如《呂氏春秋‧恃君覽》所云：「昔太古嘗無君矣，其民聚生群處，知母不知父。無親戚、兄弟、夫妻、男女之別，無上下、長幼之道。」〔註 13〕由此可見，氏族是以女子爲中心，而有共同始祖母的人群。此爲姓的起源說法之一，始祖母的際遇。相傳夏之初姒吞薏苡而生，則姓苡氏。《史記‧殷本紀》云：「殷契母曰簡狄，有娀氏之女，爲帝嚳次妃。三人行浴，見玄鳥墮其卵，簡狄取吞之，因孕，生契。契長而佐禹治水，有功，封于商，賜姓子氏。」〔註 14〕商之初姒，吞燕子而生，則姓子氏。神農之母居姜水而生神農，則姓姜氏，舜母居姚墟生舜，則姓姚氏，故姓之本義，作「人所生」解，乃祖先生時所得姓。《太平御覽》云：「周本姜嫄游閟宮，其地扶桑，履大跡，生后稷。」〔註 15〕《史記‧周本紀》云：「帝舜封棄于邰，號曰后稷，別姓姬氏。」〔註 16〕班固《白虎通‧姓名篇》：「禹姓姒氏，祖昌意，以薏苡生；殷姓子氏，祖以玄鳥子生也；周姓姬氏，祖以履大人跡生也。」〔註 17〕東漢王充《論衡‧詰術篇》：「古者因生以賜姓，因其所生賜之姓也。若夏吞薏苡而生，則姓苡氏；商吞燕子而生，則姓爲子氏；周履大人跡，則姓姬氏。」〔註 18〕段玉裁《說文解字注》「姓」字云：「神農母居姜水，因以爲姓；黃帝母居姬水，因以爲姓。」〔註 19〕早在遠古，姓即產生，且以始祖母際遇而產生，在此揭櫫姓從母不從父。

「姓」蛻變于圖騰〔註 20〕，《左傳‧昭公十七年》：「秋，郯子來朝，公與

〔註 13〕 《呂氏春秋全譯》〈恃君覽第八〉（貴州：貴州人民出版社，1997 年 12 月第一次印刷），頁 741～742。

〔註 14〕 同註 39，（漢）司馬遷：《新校史記三家注》〈殷本紀〉，頁 91。

〔註 15〕 〔宋〕李昉等撰：《太平御覽》卷 135（臺北市：臺灣商務印書館，1967 年），頁 784。

〔註 16〕 同註 39，（漢）司馬遷：《新校史記三家注》〈周本紀〉，頁 113。

〔註 17〕 同註 42，陳立：《白虎通疏證》〈姓名篇〉，頁 117。

〔註 18〕 王充：《論衡》卷 25〈詰術篇〉（黃暉：《論衡校釋》北京：中華書局，1990 年 2 月第 1 版），頁 1033。

〔註 19〕 （漢）許慎撰，（清）段玉裁注：《說文解字注》第 12 篇下頁 1（臺北：藝文印書館，1999 年七版），頁 618。

〔註 20〕 劉節氏於中國古代宗族移殖論云：「由甲骨文金文之『辰』字與『嬴』字，證實遠古確有圖騰。而除『嬴圖騰』外，尚有『蛇圖騰』、『易圖騰』。此三圖騰之活動區甚廣；蛇圖騰傳至北方，變爲豸圖騰；豸圖騰再變爲馬圖騰；最後變爲犬圖騰。嬴圖騰傳至北方，與古代傳說相混，而出現熊圖騰與龍圖騰；後東方又出現鳥圖騰與黽圖騰。又蛇圖騰後傳至西方，變爲牛圖騰，是爲齊氏之蒼兒圖騰。同時周氏族亦爲黽圖騰」。據此所論，氏族部由圖騰進化而成者。

之宴，昭子問焉，曰：『少皞氏鳥名官，何故也？』郯子曰：『吾祖也，我知
之；昔黃帝氏以紀雲，故名雲師而雲名。炎帝氏以火紀，故為火師而火名。
共工氏以水紀，故為水師而水名。太皞氏以龍紀，故為龍師而龍名。我高祖
少皞氏之立也。鳳鳥適至，故紀于鳥，為鳥師而鳥名；鳳鳥氏歷正也；玄鳥
氏司分也；伯趙氏司至也；青鳥氏司啟也；丹鳥氏司閉也。祝鳩氏司徒也；
鴡鳩氏司馬也；鳲鳩氏司空也；鶻鳩氏司事也。五鳩，鳩民者也。五雉為五
工正，利器用，正度量，夷民者也；九扈為九農正，扈民無淫者也。自顓頊
以來，不能紀遠，乃紀於近，為民師而命以民事，則不能故也』。仲尼聞之，
見於郯子而學之。既而告人曰：吾聞之，天子失官，學在四夷，猶信。」〔註
21〕可知春秋以降，四夷氏族，仍存有圖騰徽幟。此為姓起源說法之二，氏族
圖騰。所謂圖騰是採用一種動物或植物標示氏族的特徵、徽號，並且將此動、
植物視為自己的祖先，保護神，這就叫「氏族圖騰」，例如司馬遷《史記・五
帝本紀》：「炎帝欲侵陵諸侯，諸侯咸歸軒轅。軒轅乃修德振兵。治五氣。藝
五種，撫萬民，度方，教熊、羆、貔、貅、貙、虎，以與炎帝戰於阪泉之野。」
〔註22〕可知黃帝率領熊、羆、貔、貅、貙、虎為圖騰的氏族部落與炎帝戰於
阪泉之野；又如《左傳・昭公十七年》之少昊族，以二十四種鳥名為圖騰，
分別代表二十四個氏族。〔註23〕此一說明姓有源始於氏族圖騰者。

　　姓產生的來源有始於氏族圖騰者，有源於始祖母際遇者。他規範了同姓
不可通婚的規則，也標誌出血親界限。但隨著後世繁衍，情況勢必趨於複雜。
因此同姓的團體中必須再有另一條件來互相區分，因此衍生出了「氏」。

　　以姓為中心的團體子子孫孫代代繁衍，演化成龐大的群體，為了區分此
群體的親疏遠近，而逐漸發展出以地域為別的「氏」。史籍所載，黃帝，生
於壽丘，長於姬水，因以為姓，居軒轅之丘，因以為名，又以為號，故曰：
軒轅氏。據《通鑑外紀》云：「姓者，統其祖考所自出，氏者，別其子孫所
自分。」〔註24〕又《左傳・隱公八年》：「天子建德，因生以賜姓，胙之土而

〔註21〕　《左傳》卷48〈昭公十七年〉（《十三經註疏本》頁835～838），頁4～9。
〔註22〕　司馬遷：《史記》〈五帝本紀〉（《新校史記三家注》臺北：世界書局，1993年），
　　　　　頁3。
〔註23〕　同註52〈昭公十七年〉，頁4～9。
〔註24〕　（宋）劉恕：《通鑑外紀》
　　　　　資料來源 http://www.singtaonet.com:82/arts/t20061030_375912.html

命之氏。諸侯以字爲諡，因以爲族；官有世功，則有官族；邑亦如之。」〔註25〕按晉杜預《春秋左氏‧經傳集解》云：「立有德以爲諸侯；因其由生以賜姓，謂若舜由嬀汭，故陳爲嬀姓，報之以土，而命曰陳氏。」〔註26〕可知「氏」爲「姓」的分支。清朱駿聲《說文通訓定聲》：「氏，本訓當爲木本，爲象形字，『木本』及樹木的根。」又云：「轉注爲姓氏，蓋取水源木本之義。」〔註27〕因此「氏」採「水源木本之義」即提醒世人雖爲家族分支，卻不可忘卻自己的本源。

「姓」產生於前，「氏」形成於後。「姓」是同一祖宗、大家族的共同、共有的稱號、標誌，「氏」則爲後代區分不同分支的稱號、標誌。《史記‧五帝本紀》集解引鄭玄曰：「姓者，所以統系百世使不別也；氏者，所以別子孫之所出。」〔註28〕「姓」是同一個祖宗的所有後代子孫共用的、大家族共有的稱號、標誌，而「氏」則是這個大家族的子孫用以區別不同分支的稱號、標誌。由此可知，姓統於上，氏分於下；「姓」是「氏」的本源，「氏」是「姓」的支派。一個家族的「姓」產生後，便世代不更改；「氏」則隨封邑、官職等客觀條件的改變而變化。以屈原爲例：芈是姓，屈是氏。《左傳‧隱公八年》孔穎達《正義》：「姓者，生也，以此爲祖，令之相生，雖下及百世，而此姓不改；族者，屬也，與其子孫共相連屬，其旁支別屬，則各自立氏。」〔註29〕「姓」是穩定、嚴格不變的，而「氏」是會改變的。

二、姓氏的意義

（一）生之謂姓

「姓」被作爲族人的泛稱，即指具有同一血緣關係的大家族。中國史前傳說時代開始，姓就被人們作爲一種與血緣有關的標誌來使用〔註30〕。在一般人的觀念中，同姓，即意味著擁有共同的血緣（血統、血族）關係。

〔註25〕《左傳》卷4〈隱公八年〉（《十三經註疏本》頁74），頁11～12。

〔註26〕國立編譯館主編：《春秋左傳正義》（臺北：新文豐出版社，2001年），頁168。

〔註27〕（清）朱駿聲：《說文通訓定聲》〈解部第十一〉，頁21（臺北：藝文印書館，1966年），頁551。

〔註28〕（漢）司馬遷：《史記》〈五帝本紀〉（《新校史記三家注》臺北：世界書局，1993年），頁46。

〔註29〕《左傳》卷4〈隱公八年〉（《十三經註疏本》頁75），頁11。

〔註30〕錢杭：《血緣與地緣之間》（上海：上海社會科學院出版社，2001年），頁83。

文獻對「姓」字基本含義的說明，揭示出「姓」字的本義是「生」。如《說文解字》云：「姓，人所生也。古之神聖人，母感天而生子，故稱天子。因生以為姓，從女、生，生亦聲。」〔註31〕徐灝《說文解字注》云：「姓之本義謂生，故古通作生，其後因生以賜姓，遂為姓氏字耳。」〔註32〕《左傳》隱公八年：「天子建德，因生以賜姓。」〔註33〕又班固《白虎通德論》卷九〈姓名〉：「姓者，生也。」〔註34〕得知「姓」字為「女」、「生」二字之合體。「姓」為「人之所生」，也就是女人所生的子女。

（二）姓衍伸為子姓

《禮記・喪大記》：「卿大夫、父兄、子姓立於東方。」鄭玄注云：「子姓謂眾子孫也。」〔註35〕又《史記・外戚世家》：「父不能得之於子，況卑下乎！既驩合矣，或不能成子姓；《索隱》按：鄭玄注《禮記》云『姓者，生也。子姓，謂眾孫也』。」〔註36〕藉於此，「姓」又引伸為同一始祖繁衍的子子孫孫，即有著一脈相承的血緣關係的人群，因此古人又將後世子孫稱為「子姓」。季旭昇在〈《上博二・昔者君老》簡文探究及其與《尚書・顧命》的相關問題〉提到：「孟蓬生先生釋『子甡』為『子姓』：甡，當為姓。子甡，即子姓。指後生，晚輩。《墨子・非儒下》：『五穀既收，大喪是隨，子姓皆從，得厭飲食。』《漢書・田蚡傳》：『蚡為諸曹郎，未貴，來侍酒嬰所，跪起如子姓。』《廣雅・釋親》：『姓，子也。』王念孫《疏證》：『姓者，子孫之通稱也。』」〔註37〕可得知「姓」除其本意為「女人所生」之外，更被引申為後代同始祖之子孫，也就是說，同姓者其始祖必相同，只要知其姓，理論上則可推演出其祖先為何，這也是姓基本的作用：識別家族和血緣關係。所以《詩經・唐風・杕杜》

〔註31〕段玉裁：《說文解字注》第十二篇下，頁618。

〔註32〕同上註。

〔註33〕左傳》卷4〈隱公八年〉（《十三經註疏本》頁74），頁11～12。

〔註34〕班固：《白虎通德論》卷九〈姓名〉
資料來源 http://yuzx.com/w/article/w-02-08.html。

〔註35〕姜義華注譯：《新譯禮記讀本》〈喪大記〉（臺北：三民書局印行，2000年），頁610。

〔註36〕（漢）司馬遷撰《史記》〈外戚世家〉（《新校史記三家注》臺北：世界書局，1993年），頁1967。

〔註37〕季旭昇：〈《上博二・昔者君老》簡文探究及其與《尚書・顧命》的相關問題〉《中國文哲研究集刊》第二十四期（臺北：中央研究院中國文哲研究所，2004年3月），頁253～292。

中「豈無他人？不如我同姓」句，毛傳云：「同姓，同祖也。」〔註38〕這裡明明白白地告訴人們，「姓」的確是同一祖先有血緣關係的一族人的標誌、稱號。

由於「姓」以「生」爲本義，因此可以作爲一個血緣團體的符號，《路史》：「黃帝有熊氏，作玉律以應候氣，薦之宗廟，廢治忽，以知三軍之消息，以正名百物，明民共財，而定氏族。」（注）易是類謀曰：「聖人興起，不知姓名，當吹律聽，以別其姓。黃帝吹律定姓是也。律六律也，故有五音姓之說。」《白虎通》云：「聖王吹律定姓。」孔子曰：「丘援律而吹，命陰得羽之宮，而李房推律，亦謂五音，生於本姓，遂自定爲京。」〔註39〕一種共同的、與「生」俱來的血緣聯繫。但是很顯然，這種符號所標誌的，原本僅來自母系，但後因社會變遷、制度的變化，男子權力日增，「姓」則變遷爲來自父系的血緣聯繫。導致後世之統系專指男性體系，姓因此從男，但始祖之姓仍從母。

（三）庶姓即氏

依照周朝制度，始祖之姓曰正姓，百世不改。正姓外者，別有支派者，曰庶姓。庶姓即氏也。《禮記。大傳》曰：

> 四世而緦，服之窮也。五世袒免，殺同姓也。六世親屬竭矣。其庶
> 姓別於上，而戚單於下，昏姻可以通乎？繫之以姓而弗別，綴之以
> 食而弗殊，雖百世而昏姻不通者，周道然也。注：姓，正姓也。始
> 祖爲正姓，高祖爲庶姓。〔註40〕

正姓所以表始祖，而庶姓則表示與大宗有別之小宗，稱之爲氏。〈喪服小紀〉記載：「別子爲祖，繼別爲宗，繼禰者爲小宗。有五世而遷之宗，其繼高祖者也。是故祖遷於上，宗易於下。尊祖故敬宗，敬宗所以尊祖禰也。庶子不祭祖者，明其宗也。」〔註41〕而高祖者爲庶姓，是以高祖以下即爲其支派，而以氏稱之。

三、姓氏的功用

古人不但有姓，又以氏加以區別，何以如此？究其原因，氏族社會遷徙

〔註38〕鄭玄箋注：《毛詩鄭箋》〈唐風・杕杜〉（臺北：學海出版社，2001年，再版），頁48。
〔註39〕資料來源 http://bloguide.ettoday.com/s1681688/textview.php?file=0000037373。
〔註40〕姜義華注譯：《新譯禮記讀本》〈大傳〉（臺北：三民書局印行，2000年），頁473。
〔註41〕同上註，〈喪服小紀〉，頁446。

頻仍，族屬散佈甚廣，爲加以區別，是以姓示血緣，以氏示地緣。至周朝行宗法制度，以氏族而爲宗族，姓氏之制更嚴謹，其內涵，亦因而異。《白虎通・姓名篇》謂：「人所以有姓者何？所以崇恩愛，厚親親，遠禽獸，別婚姻也。故紀世別類，使生相愛，死相哀，同姓不得相娶，皆爲重人倫也。姓者，生也，人稟天氣所生也」〔註42〕。又曰：「所以有氏者何？所以貴功德，賤技力；或氏其事；聞其事，即可知其人，所以勉人爲善也。」〔註43〕可知昔者姓氏義涵，以時而殊？其功用，不外乎別婚姻，明嫡庶，貴功德，名地望，繼祖開宗，愼終追遠而已。戰國以後，姓氏漸次合而爲一，而遠古姓氏減少，新姓氏不斷繁衍。顧炎武《日知錄》：「言姓者，本爲五帝。見于春秋者，得二十有二。……自戰國以下之人，以氏爲姓；而五帝以來之姓亡矣。」〔註44〕又謂：「戰國時人，大抵猶稱氏族；漢人則通稱爲姓。然氏族之稱，猶有存者……姓氏之稱，自太史公始混而爲一。」〔註45〕

　　而今姓氏不分，但二者功用，仍如以往。同姓者視爲同源，且解釋爲同宗同族。而不能相互婚娶。然現今同姓者，是否盡屬同宗同族，似乎不無疑問。錢大昕於《十駕齋養新錄》曰：「三代以前，有天下者，皆先聖之後，封爵相承，遠有代序，眾皆知其得姓之由。姚、夏芏、殷子、周姬，百世而婚姻不通，小史奠繫世，序昭穆，實掌其事不可紊也。戰國分爭，氏族之學，又廢不講，秦滅六雄，廢封建，雖公族亦無議貴之律，匹夫編戶，知有氏而不知姓久矣。漢高起於布衣，太公以上名字且無可考，況能知其族姓所出耶。故項伯、婁敬，賜姓劉氏，娥姁爲皇后，亦不言何姓，以氏爲姓，而後世不能改焉。」〔註46〕可推姓氏演變之複雜。古代國人所生以爲姓，溯其姓始，實從母，即女姓而生者得姓。後世男子稱氏，女子稱姓，繼而合稱，以明其所生之家族原姓也。三代以前，猶爲氏族社會，且有母系氏族，而母系氏族，知母而不知父，以生人均從母姓。迨父系氏族立，始從父姓，乃取定姓之法，因而新創姓氏。《潛夫論・志氏姓》謂：「古有同祖而異姓，有異姓而同祖，

〔註42〕 資料來源：〈姓名學——姓氏源流（一）〉
　　　　 http://home.kimo.com.tw/jinhan710/content/200409.htm。
〔註43〕 同上註。
〔註44〕 （清）顧炎武撰，（清）黃汝成集釋：《日知錄集釋》冊三，卷23（臺北市：臺灣中華出版社，1976年），頁1～2。
〔註45〕 同上註，頁3。
〔註46〕 （清）錢大昕：《十駕齋養新錄》（臺北市：臺灣中華出版社，1982年），卷12，頁1。

亦有錯雜，變而相入；或從母姓，或避怨讎，夫吹律論姓，唯聖人能之。」〔註47〕因爲同姓、異姓有同德異德之別，父子之間，其音有相同之點，可作爲姓同之表徵，而以管律測定，聲音相協者爲父子關係。據《史記》所載，黃帝以前，不僅有姓，而且有氏。《史記・五帝本紀正義註》謂：「帝王世紀云：神農氏，姜姓也。母曰：任似，有蟜氏女。」〔註48〕現今治氏族者，皆追溯至黃帝。可知姓氏隨歷朝演變而日趨複雜與紊亂，但其別婚姻，明嫡庶，貴功德，名地望，繼祖開宗，愼終追遠的功用仍是無可替代的。

四、姓氏之蕃衍

華人姓氏由分而合，自春秋戰國以降，孳生雜陳，數千年來，中經五胡之亂，南北朝五代之割據，金人之俶擾，蒙滿之入主，時代更替，朝流沖激，擾攘紛爭，影響我傳統文化。加之字形書法迭更，原有姓氏，有以筆畫組合之不同而異其義者，有因功罪賜姓改姓者，有以文義俗奧而更者，有以異族倣效同化者，遂使姓氏日增，較諸世傳胙土命氏之十二姓，何啻增加百數十倍。據李濟（1896～1979 年）研究，諸姓之蕃衍有下列四個原因〔註49〕：

（一）自身分離：因氏族之繁盛，子孫分行各地，自立爲氏，如周朝之分封其子，乃其著例。但其分立姓，皆有一定方法，非能妄自杜撰。鄭樵《通志》列有：以國、以邑、以郡、以鄉、以亭、以地、以姓、以字、以名、以序、以族、以官、以爵、以凶德、以吉德、以技、以事、以諡、以爵與譜系、以族與譜系、以名與氏、以國與爵、以邑與譜系、以名與官、以邑與諡、以諡與氏、以爵與氏爲姓者二十七類。據其統計，姓氏之增加，以此方法而立者，約佔全數之百分之六十以上。

（二）外來姓氏：定居中國之外族，各有保持其部落族名，純粹之漢族群，概爲單姓，外族之姓則名複姓。如：關西複姓，諸方複姓，

〔註47〕　（漢）王符撰，汪繼培箋：《潛夫論箋》〈志氏姓〉（臺北市：世界出版社，1956年），頁 170。
〔註48〕　（漢）司馬遷：《史記》〈五帝本紀〉《新校史記三家注》臺北：世界書局，1993 年），頁 4。
〔註49〕　李濟：《中國民族的形成》（南京：江蘇教育出版社，2005 年），頁 168～169。

代北複姓，代北三字姓、代北四字姓等是也，據《通志》
所錄，此類複姓，約佔全數之百分之十五。

（三）強制的變化：古來帝王為表彰忠臣勇士，或對妃嬪侍僕，表示寵愛，
或為羈縻外邦酋長，往往授以帝王之姓。史書不乏其例，
如漢朝之匈奴族，多姓帝王之劉姓是也。反此，臣下若有
觸怒帝王，則奪其原姓，而授以凶德之姓。如唐朝武后篡
位，王子謀逐武后，事敗，武后奪其李姓，令改虺字，是
其一例。此類之姓，為數甚少，然亦有之。

（四）順應時宜：定居中原之夷狄，因尚保持其部族名，久漸察知受人歧視
之因，而為排除一切歧視，逐漸將複姓改為單姓，以同化
於漢族群。如公元 386 年至 558 年，支配華北之通古斯族
九十九個族名之改為單音，此有魏史官氏志可考，而且選
擇與一般漢族群同一語義之姓為姓者頗多；因此漢族群原
有姓氏，益加混亂，而姓氏亦急遽增加。

由上述說法可推論，中國姓氏並非一成不變，姓氏會因時代變遷時產生
種種因素而加以變化，因此，也導致姓氏更加混亂外，其數目也急遽的增加。
除了上述姓氏蕃衍的原因外，「一嗣雙祧」也是產生新姓氏的因素，在臺灣社
會中「一嗣雙祧」的姓氏有范姜、張簡、張廖……等等。

五、「一嗣雙祧」

民國六十七年（1978），楊緒賢以全國各戶政事務所六十七年六月三十日
之口卡資料為準，逐張計算統計彙編成《臺灣區各縣市分姓人口統計表》，共
得一千六百九十四個姓氏，其中單姓者有一千六百一十一個，複姓〔註50〕有
七十五個，三字姓四個，四字姓四個，這可以說是有關本省姓氏蒐集較完整
的資料，並且於六十九年（1980）以《臺灣區姓氏堂號考》刊行。

〔註50〕此處所指的複姓包含傳統複姓和雙姓。雙姓之起源，都是因某種因素（如：
贅婚、收養）把兩個單姓結合成一姓。傳統複姓則是中國古代封侯賜地而用
封地封號或名而來。根據內政法令彙編（四）戶政類（84・9月版）2228頁
規定，贅婚子女約定兼用父母雙姓者，應以本名中第一從姓為姓，不得視為
複姓。

表一：臺閩地區前五大複姓人口數及百分比

單位：人：％

姓氏	人口數	占總人口數百分比
張簡	9107	0.04
歐陽	7796	0.03
陳黃	4298	0.02
范姜	4212	0.02
張陳	3677	0.02

台閩地區前五大複姓人口統計表（資料來源：內政部戶政司）

　　台閩地區前五大複姓人口統計表，其中歐陽可謂傳統複姓，其餘四姓爲雙姓。可見「一嗣雙祧」產生新姓氏的現象是存在社會中的。

（一）范姜氏

　　范姜是臺灣少數的複姓之一，范、姜原本爲兩個獨立的姓，後來由於某種原因，才組合爲一個姓氏。范姜氏源自廣東惠州府，清朝初年有婦人雷氏因丈夫范集景早逝，無力撫養孤子范文質，於是再嫁姜同英爲妻。范文質長大成人後爲感念繼父的養育之恩，將其五個孩子均冠上范姜複姓，是爲范姜姓的濫觴。乾隆元年（1736），文質二子范姜殿高隻身來臺，先到新屋鄉上庄子築屋暫居，再領四兄弟來臺墾拓，後來才遷到祖堂現址。除了新屋鄉以外，臺灣其他各地乃至於海外地區，凡有姓范姜的，應該都是從新屋范姜家分出去的。

圖一：新屋范姜祖堂

資料來源：

http://home.kimo.com.tw/yanni797/%B7s%AB%CE%ADS%AB%B8%AF%AA%B0%F3.html

　　范姜家族於咸豐5年（西元1855）合建祖堂。1906年（明治39）年族人到廣東省陸豐縣請回祖先牌位來臺奉祀，並於1911年（明治44）年增築後堂，翌年完成後將祖先牌位供奉於後堂。范姜家族祠堂（見圖一）仍維

持原有祭祀功能。並做為范姜宗親會開會場所。范姜祖堂於每年農曆四月五日、八月一日舉行春秋兩祭，是范姜族人最盛大的聚會祭祀活動。〔註51〕

范姜氏的形成，一方面表示不忘祖先，另一方面是感念繼父養育之恩，臺灣俗語所言：「生的放一邊，養的功勞大過天。」因此范姜氏的形成有著提醒後人學習先祖敬愛父母、尊崇孝道的精神，因此范姜氏後代子孫於姓名中是並存范姜二字，亦即其後代姓名必為「范姜×」或是「范姜××」。過世時姓名書寫亦同。

（二）張簡氏

根據《廖氏大宗譜》記載，張簡氏的起源乃因張潤德為媳招親所致。張公諱體仁，號潤德，生三子，皆授室無所出，均為公事而捐軀，諸婦誓守「〈柏舟〉節」，公既無子，視媳婦如己女，時族中有勸公擇螟蛉者，公皆不從。時有簡姓，諱進興公者，遊學天下，有人謀與公為西席者，公以家園素無男子，恐招物議，意欲招贅媳婦為子嗣者，細心別置學堂，詳察一切職事，觀其操行不苟，乃密託則友，詳查家世，知為清白，更悉其矢志育英，乃格外優遇，蓋道同志合，深得公之讚許。

一日公於內祭祖先之時，三位媳婦在堂祭拜，公謂諸媳婦曰：「吾年既老，居口無多，恐汝等涉世堪憂，意欲招贅嗣子，為汝等終身所依，並安我心，未審有何所見？」時長次默默無言，三女對曰：「女子生而願為之有家，古之道也，三從四德，女之命也，公雖為翁，不啻生身之父也。」公乃決意以三女招婿為嗣，即託人與簡公試為議婚，議成，告祭祖堂。長次二女，觀三叔叔伉儷和諧，心焉慕之，遂議調虎離山之計，一面假函賺三娘歸寧，一方備鵲窠鳩居之讒以待，張家人人莫之能知也。三娘接母急信，恨不脅下生翅飛回娘家，匆促間未曾與公公及夫婿辭行，即刻乘輿歸寧。入娘家，時當午飯，見一家團聚，母亦在座，而謂三娘曰：「兒為何事歸寧？」三娘愕然不知所措，母見三娘神色匆促，乃曰：「飯後速回，凡事公公作主，順則是孝，勿傷婦德也。」三娘將函呈上。母命兒輩讀看，聽畢，勸曰：「調虎離山計也，夫婿不敢苟且，公公有命是從。」三娘飯後回家，經往閨房，既聞諍辯之聲，隨請張公蒞臨，公到時，諍聲猶未止也，乃曰：「興兒，家聲勿揚。」繼謂三娘曰：「兒素孝順，姊妹和睦，共事一夫，勿爭嫡庶何如？」

〔註51〕資料來源：http://www.taoyuan-life.net.tw/cgi-bin/SM_theme?page=402c9991。

三娘曰惟命是從，公爲諸女立約，不論所生男女，一簡一張，以三對一，合稱張三簡四。〔註52〕

　　另一根據嘉義縣簡姓宗親會編〈張簡兩姓聯宗歷史淵源〉載：張簡一世始祖簡德潤公，號居敞，係簡姓洪源開始祖之九世孫也。公生於元順帝元統元年（1333年），德潤公性溫厚，學識淵博，自福建永定縣避居漳州府南靖縣永豐里梅隴坡（梅林村），設一書館，教群子弟有方，眾稱四先生。時有一地理師會巡先生至宿書館，感公款待厚誼，指送梅林村牛欄下厝背吉地一穴，以報公恩。公將洪源曾祖簡評士公骨骸移葬此地，坐癸向丁，如走馬攀鞍登穴形。斯寺鄰里張窖義祖，張進興公家產殷富，兒子早亡，媳婦劉氏奉侍翁姑，純篤孝行，張公感其懿德，乃欲謀招一儒士以偶劉氏，聞簡公學識淵博、寬弘大度，遂求入贅成親。至大明洪武四年（1371），入贅張姓，爲永豐里九甲里長。洪武九年丙辰，抽充興化府平海衛蒲禧千戶所軍。簡德潤在漳州爲張進興公義子婿，創造一世始祖。祖妣劉氏、繼妻盧氏，共生八子，子孫散於潮陽、海陽、番禺等縣。每年春季社日，多季十二月一日，分兩次祭祖，神主配張窖簡姓大宗祠正龕，有詩二首至今留證：

（1）江波源派向東流，尋溯
　　源泉不見休，舉眼紛紛
　　南驛路，寄身寂寂古梅
　　州。

（2）一行音信煩看遠，片紙
　　家書爲我酥，本欲歸宗
　　同面祖，筮鼉未卜是何
　　秋。

　　自大明洪武四年辛亥至
中華民國四十六年丁酉計五
八七年，其間傳有二十世子
孫昌旺。〔註53〕

圖二：高雄縣大寮鄉「追遠堂」

資料來源：

http：//www.zzn.ks.edu.tw/dalouw/images/wd-1.jpg

〔註52〕資料來源：節錄自廖德福：《廖氏大宗譜》（台中：慶榮製本所，1979年10月，初版），頁17～18。

〔註53〕資料來源：廖丑：《西螺七崁與臺灣開拓史》（雲林縣：加隆文具印刷商行，1998年），頁470～471。

至於各地的張簡人士，大都是來自高雄縣的大寮鄉。高雄縣大寮鄉鄉內有四分之一姓張簡或姓簡，有一棟華麗的祠堂：「追遠堂」（見圖二），象徵著張簡家族的精神中心。張簡家族是大寮鄉的一大特色，清咸豐年間，張簡家族在現在高雄縣大寮鄉仁德路高雄監獄附近蓋祖祠，光復前被空襲炸毀後，剩下斷壁殘垣，有些祖牌也付諸一炬，只留下碑或石頭製作的香爐等，給後人瞻仰，七十年間張簡家族才重新整建祖祠，方便後代子孫每年返鄉參與春秋祭祀。〔註54〕

張簡氏的形成是因為長輩愛護媳婦，不忍自己去世後弱女子無所依靠，因此為之招婿，公公為三妯娌訂約，留下三張對一簡的條款，張簡因而有之。其族人不論生或死皆書同一姓名，亦即生時名「張簡××」死亦書「張簡××」，或生時名「簡××」死亦書「簡××」，並無改變。

（三）「變姓」——張廖氏

本文所研究的是雲林地區出現的張廖家族，即是所謂的「雙廖家族」。所謂「雙廖」指的是張廖，這一姓氏是獨特的姓氏，既非複姓，也不是音譯，乃是兩姓的結合，俗稱張廖，或稱雙廖（純系正統之廖氏稱單廖），而他是「一嗣雙祧」的一族，在血緣上是張公廖母，即廖皮張骨二姓合一家。

張廖氏發源於福建省漳州府詔安縣官陂〔註55〕。元順帝時白蓮教猖亂，官陂始祖張愿仔（字再輝，後來入贅改名為元子），原籍雲霄縣（位於詔安縣北鄰）西林和尚塘，為張天正之第三子，避居官陂坪賽教讀。當地有一位員外叫廖化（又稱廖三九郎），單生一女名大娘，品行端正，聰慧賢淑。廖化將張愿仔贅為東床（女婿），並視婿如子。明洪武八年（1375年）張愿仔四十八歲，獨生子廖友來出生，洪武二十三、四年，友來未二十歲時，廖族有犯國法不容赦者，此人逃逸無蹤，累及廖氏全族。此時廖元子（張愿入贅時兼養子，改名為廖元子），挺身而出，以廖姓親族身分，往官申辯，然官司拖累多年，結案後，在返家途中患病垂危，臨終遺囑廖友來：「父深受汝外祖父母知遇之恩未報，汝，當代父報効，子孫生當姓廖，戶籍、兵籍、財產、名號、生辰、結婚，等屬之，以光母族於前，死歸姓張，神主、墓誌、祭祀鬼神，等屬之，以裕子孫於後。」廖友來謹承父志，

〔註54〕 資料來源：http://learn.csic.khc.edu.tw/comres/doc4b.doc。
〔註55〕 福建省漳州府詔安縣使用的語言為客家語，但因與廣東地區不同，稱為「詔安話」，而張廖氏即為所謂的「詔安客」。

以張承廖，並立誓「凡我子孫，生則姓廖，死後書張，不違祖命，以報廖公之德。父本姓張，來源於河南清河郡衍派，雲霄西林和尚塘有祖跡，以後應回祭祖掃墓，以盡孝道，若移居外地，姓張、姓廖由其自便」。

明洪武二十五年（1392年），廖元子逝世，享壽六十五歲，廖友來奉父神主往廖姓祖祠，廖族善意奉還後，友來轉奉神主往雲霄西林和尚塘張姓祖祠，並將父囑告知親族，張族嘉勉曰：「生廖死張，是一嗣雙祧，宜自立一族，以光張廖門楣。賜祠堂號爲『崇遠堂』，並賜燈一對『清河（張氏代號）衍派，汝水（廖氏代號）流芳』」。並用籃轎八臺，鼓樂送回其父神主。於是將坪賽故居中廳改爲祖祠，爲其父立祠，「張廖」二家遂成一派，自立一

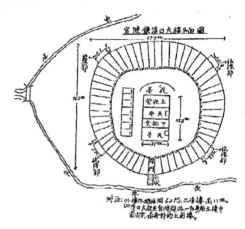

圖三：官陂鎮溪口大樓平面圖

資料來源：《張廖元子公族訊》頁75。

族。〔註56〕民國初年進行戶口登記，年老登廖，年輕欲出門謀生的登張。讀私塾的書張，讀新學校的學生用張；男人用張，女人用廖，各取所需，張、廖均用，而後書張的越來越多，大陸地區，基本上已改用張姓。目前只有極少數婦女仍用廖姓。爲遵守祖訓，教育子孫，明確本源由來，族譜封面均書張廖氏族譜，序張客氏由來本源，使元子公後裔均知道「張廖」來源，承認「張廖」是本姓。相傳五世道文公、道行公兄弟在溪口樓祖祠樓前大門之門坎設七坎（用意是下代子孫勿忘七條祖訓，因此又叫七嵌。見圖三）。祖祠「上祀堂」的對聯是：

五世開宗，溪口上遊承汝水（汝水指廖），

雙房衍派，廟中祀典溯清河（清河指張）。

此係讓下代子孫追本溯源，葉落歸根，永遠記住「張廖」來源。〔註57〕

〔註56〕廖丑：《西螺七崁與臺灣開拓史》（雲林縣：加隆文具印刷商行，1998年）頁440～442。

〔註57〕雲林縣元子公張廖姓宗親會、廖元子公育英會印：《張廖元子公族訊》（雲林：雲林縣元子公張廖姓宗親會、廖元子公育英會印，1995年），頁61。

在張廖族譜中的「七崁箴規」〔註58〕也有相關「張廖」來源的記載：

第一崁：生廖死張，故曰張廖。「生存姓廖」，戶籍、兵籍、財產、名號、
　　　　生辰、結婚屬之，「逝世姓張」，神主、墓誌、祭祀鬼神屬之。

第三崁：得正祀位，猶勝籃轎八臺。古制養子為嗣，但未有養孫。廖三
　　　　九郎收廖元子為養子，但元子因族人諍訟之事突然逝世，以致
　　　　廖三九郎膝下猶虛，因此三九郎希望孫廖友來「得正祀位」，而
　　　　此事獲得邱高太祖姚的認同：「子孫孝順，母祖慈愛，竹籃為轎
　　　　之樂，猶勝八臺（八人臺之大轎）。」而友來也奉行父親「生時
　　　　姓廖，作古姓張。」的遺命。

　　話說友來公得知元子公噩耗（元子公命喪官司結案後返家途中），運回骸
柩，葬事辦竣，齊哀、喪杖、芒鞋、蘆墓三年。制滿、吉祭、祭畢、跪於母
祖之前發願曰：「父有遺命、生而姓廖，圖報母族，死而姓張，歸宿父宗，子
孫光廖者必昌，背廖者不祥，存張者必宏，忘張者滅亡，請母祖安心。」，廖
太祖姚（按：友來母，以下均因尊稱提進一輩）曰：「世居官陂者，兒言是也，
遷籍出外，姓廖姓張，自聽其便」。三九郎公曰：「得正祀位，於願足矣」。邱
高太祖姚（友來之祖母）曰：「子孫孝順，母祖慈愛，竹籃為轎之樂，猶勝八
臺」。眾人見三代發願，互相慰勉，勸三九郎公立友來公為嗣，三九郎公曰：
「吾早既決矣，於今未行，是待制也」，乃擇吉日立友來公為嗣，而訓之曰：
「嗣者，嗣續蒸嘗祭祀，得正祀位也。續者，繼也，汝父既逝，立汝為嗣，
繼續汝父也，汝好為之。」

〔註58〕「七崁箴規」除上述二條文外，餘者為第二崁：不食牛犬，知恩無類牛犬獸
　　　　類也，如主之恩，況於人乎，不食牛犬，有不食之恩，牛犬有恩於人也。獸
　　　　類知恩，人獸雖異，而靈性知恩則同，故曰無類。第四崁：嗣續為女，繼絕
　　　　為先，無男而以女承嗣者，招婿生男，生廖死張固然也。如獨生子，則生身
　　　　之父無歸宿，待子生孫，須先繼生父，為當務之急，嗣女須書「張廖媽」以
　　　　叫由來，婿歸本姓，例不入張廖之祠，此繼絕為人道之始也。第五崁：制無
　　　　苟恐生戾氣，守制中有孕，恐生戾氣之兒，乃胎教攸關也。守制前有孕，須
　　　　求束帶以資分別，帶以布束腰，布長與柩齊。第六崁：堂教修譜，敦親睦族，
　　　　祠堂非祇祭祀，實乃教育子孫，使知遺訓，並知修譜，以明房派分佈情形，
　　　　引發敦親睦族之心，紀念宗功祖德之偉，旨在育英而兼禮教。第七崁：遷籍
　　　　修譜，天下一家，遷籍外出，姓張姓廖，聽其自便，然必須修譜，庶幾知木
　　　　之有本，如水之有源，乃序譜之宗旨也，子孫分佈雖遠，序譜一查，天下猶
　　　　一家焉。(廖丑：《西螺七崁與臺灣開拓史》(雲林縣：加隆文具印刷商行，1998
　　　　年) 頁447〜453。)

　　廖太祖妣（按：友來母）謂友來公曰：「男大當婚，女大當嫁，宜家為大倫之始也」。隨擇江祖妣（按：友來之妻）為德配，三年無所出，後娶柳、呂二位祖妣，膝下猶虛，未幾，三九郎公夫婦相繼而卒，廖太祖妣（按：友來母）謂友來公曰：「八臺之樂，勿使有憾」，乃復訓三位祖妣（按：媳婦，即友來之妻）曰：「心常而善願者，天必從之，汝等嫡庶無爭，切須記之」。未幾，廖太祖妣卒，三年制滿，再娶章祖妣，連生四子，即永安、永寧、永傳、永祖四公也，四位祖妣各抱一公，江祖妣抱永安公、柳祖妣抱永寧公、呂祖妣抱永傳公、章祖妣自留永祖公。轉瞬之間，四公漸長，友來教子有方，四公亦頗孝順，時友來公既漸老，得正祀位之囑未實行，今嗣續既出，須宜為父祖正位，乃率同永安公，奉父祖神主，往廖姓祖祠進主立祠，因元子公及廖太祖妣，均書「張公」「張媽」，例不符合，廖族以籃盛神主，暫掛廊上，善意奉還也。友來公轉奉神主，連籃攜往雲霄西林和尚塘張姓祖祠，將過去情事奉告張族，張族嘉勉備至，大書「清河衍派，汝水流芳」，並序譜（註：序譜五十字），堂號「崇遠」，復以祖先所用八臺大轎，鼓樂送回官陂，相勉曰：「生存姓廖，作古姓張，是謂一嗣雙祧，宜自立一族，以光張廖門楣，燈字勿廢，尚如不適者，可自再撰序譜字裏行間，勿負父遺囑，是為宗旨也」，乃將所居，改為祖祠，而為父祖立祠焉。〔註59〕從此而後，「張廖」一派子孫繁衍，隨著歷史變遷，環境改變，詔安客家一族張廖氏輾轉來到臺灣開墾〔註60〕，形成了耳熟能詳的「西螺七崁」。

　　「西螺七崁」這個雅號的由來須從清康熙年間說起，張廖族人由祖居福建省漳州府二都官陂，陸續渡台定居，康熙四十年有廖純善者，深奉湄州天上聖母保護宗親平安渡台，定居於彰化縣布嶼東堡新店（今二崙鄉來惠村新店）墾耕，就將天上聖母安奉在祝天宮（俗稱新店媽、又稱七欠媽）。當時族人來台定居者頗多，有廖盛周、廖磅等定居港尾，廖崇洞等定居廍仔、惠來厝，廖德永等定居打牛湳，廖裕賢、廖會賢等定居三塊厝，廖為見等定居湳

〔註59〕廖丑：《西螺七崁與臺灣開拓史》（雲林縣：加隆文具印刷商行，1998年），頁450～451。

〔註60〕根據《臺灣府志》《諸羅縣志》等文獻資料，林再復：《閩南人》及廖氏大族譜等記載，詔安客移居臺灣始於明末清初，在清康熙、乾隆年間，紛紛渡台墾殖於西螺一帶，西螺、二崙、崙背為多，移居年代久遠，約二、三百年，初到雲林墾植者為廖必達和廖朝孔等人。（廖丑《西螺七崁與臺灣開拓史》（雲林縣：加隆文具印刷商行，1998年），頁385。）

仔，廖盈漢、廖士健等定居田尾，廖士強等定居吳厝，廖朝孔、廖朝廳、廖廷碧等定居二崙，廖元表等定居下湳，廖熙賢等定居頂湳，廖拔琦等定居埔姜崙，廖朝烈等定居廣興，各自奠定基業。乾隆五十三年，歲次戊申，族中有廖昌盛、廖盛周、廖天體、廖裕賢、廖世歇、廖拔琦、廖貞義等七人，發起共同捐資在下湳建立祠堂（現在西螺鎮福田里新厝崇遠堂之前身），奉祀先祖，訂立春秋二祭，以揚祖德，敦親睦族並啓發後人之美舉。當時爲盛大舉辦輪流迎神祭祖大典，以人丁並經濟情形爲基礎，劃分爲七個角落，或一村里爲一角落，或有數部落合併爲一角落，共分成六角落半（作爲七角落，故稱爲七欠）；於每年十月爲酬謝平安，恭迎新店天上聖母，出巡各角落，輪流祭典演戲，祈求宗族和氣團結，平安昌盛。此舉爲西螺地方成爲最熱鬧而有名之盛典。從此後人贈稱西螺七欠，聲譽大振。〔註61〕當時「七嵌」的地區大致畫分如下（見圖四）：

頭嵌：廣興、頂湳、埔姜崙。

二嵌：魚寮、下湳、九隆、太和寮、吳厝。

三嵌：犁份庄、田尾、湳仔。

四嵌：三和、十八張犁、深坑。

五嵌：港尾、下新莊。

六嵌：新店、惠來厝、打牛湳、塘仔面、頂庄仔、張厝。

七嵌：二崙、下莊子。

〔註61〕廖德福：《廖氏大宗譜》（台中：慶榮製本所，1979 年 10 月初版），頁 47〜48。

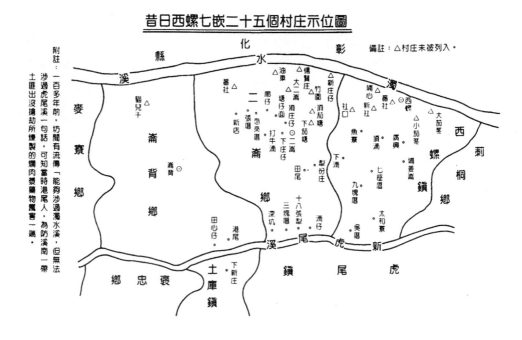

圖四：西螺七崁二十五村落示位圖

資料來源：雲林縣元子公張廖姓宗親會、廖元子公育英會

　　張廖一族因招贅與收養關係形成「一嗣雙祧」，他既不是複姓（傳統複姓
是中國古代封侯賜地而用封地封號或名而來），也別於一般的雙姓，目前所見
的雙姓均在姓名中直接出現兩個姓，而且不論生死皆不會產生變異，張廖一
族於生時或姓廖或姓張或姓張廖，但於過往之後一律尊崇元子公遺訓，改書
姓張。這與其它複姓或是雙姓家族相較是存在相當大的差異，因此筆者將「張
廖」稱爲「變姓」。

　　「一嗣雙祧」所產生的姓氏，功能依然存在。所謂「生之謂姓」：就張
簡氏與張廖氏是沒有異議的，子身從父母身出，只是採招贅婚配，較不同
於傳統民間婚俗，其間的血緣關係是確實存在的。至於范姜氏雖非姜同英
之血緣親生子，但在法律上仍存在父子關係（《民法》第四篇第一章第九百
七十條第二款配偶之血親，從其與配偶之親系及親等。）其一同姓者視爲
同源，其相互之間是不能論婚嫁的，因此「一嗣雙祧」之「生之謂姓」功
能是無庸置疑。其二別遠近親疏：不論范姜、張簡或是張廖，各姓氏之間
有昭穆詩（見昭穆制度篇章）的存在，譜序一翻，親疏遠近即可呈現出來。
其三繼祖開宗，愼終追遠：不論范姜、張簡或是張廖均建立祖祠，舉行春

秋二祭以追思祖先。因此「一嗣雙祧」可以說是繁衍新姓氏的方式，而且於未來很有可能再產生。

　　目前「張廖」氏已遍佈臺灣，各地也均建有開台祖廟，例如：承祜堂（奉祀張廖第六世祖張廖天與）、烈美公祠（奉祀張廖第十四世祖張廖烈美）、垂裕堂（奉祀張廖第十二世祖張廖朝孔）。各宗祠均在特定時日進行祭祖活動，以表達孺慕之情，也傳承了固有中華文化的孝道。

第二節　崇遠堂的興建

一、宗祠之由來

　　宗祠又稱為家廟或祖厝，為各宗族奉祀其祖先牌位的建築物。在歲時祭祀、吃祖等活動上，都藉此凝聚鄉族於一堂，共同表達「慎終追遠」、「奉先孝思」的倫理觀念。中國祖先崇拜的起源極早，《禮記·中庸》記載：「宗廟之禮所以祀乎先也。」〔註62〕證明中國自古以來便有祭祀祖先等的宗廟，古代的帝王或臣子都有宗廟。例如《孝經》記載：「為之宗廟，以鬼享之。」疏云：「《禮記·祭法》，天子至士皆有宗廟。」〔註63〕而且大夫以下皆有「家廟」。《大雅·崧高》記載：「申伯之功，召伯是營。有俶其城，寢廟既成。既成藐藐，王錫申伯。四牡蹻蹻，鉤膺濯濯。」〔註64〕這裏說的「寢廟」是一種家廟。《楚辭》中寫到，屈原流放至漢北，見到「楚先王之廟及公卿祠堂。」〔註65〕可見祠堂很早就存在。唐代官員祭祀祖先的場所謂之家廟〔註66〕，但家廟一詞在晉朝時便已出現，江州刺史王凝之上言曰：「臣伏尋宗廟之設，各有品秩，而（范）甯自置家廟。又下十五縣，皆使左宗廟，右社稷，準之太廟。」〔註67〕《太平

〔註62〕姜義華注譯：《新譯禮記讀本》〈中庸〉（臺北：三民書局印行，2000年），頁748。

〔註63〕唐玄宗注，（宋）邢昺疏：《孝經注疏》卷九〈喪親章第十八〉（《十三經註疏》，頁55），頁1。

〔註64〕〔漢〕鄭玄箋注：《毛詩鄭箋》〈大雅。崧高〉（臺北：學海出版社，2001年9月，再版），頁143。

〔註65〕王逸：《楚辭章句》卷3〈天問〉（臺北：萬象圖書，1997年5月），頁117。

〔註66〕甘懷真：《唐代家廟制研究》第二章〈唐代家廟的淵源〉（臺北：臺灣商務印書館，1992年11月初版），頁12。

〔註67〕（唐）房玄齡等奉唐太宗御撰，何超音義：《晉書》卷75〈范甯傳〉（臺北：臺灣中華書局，1971年，臺二版）（據武英殿本校刊），頁1988。

御覽》亦言：「鄧晨，南陽人，與上起兵新野，吏乃燒晨先祖祠堂，污池、室宅，焚其冢墓，宗族皆怒。」〔註68〕可知家廟、宗祠是祭拜祖先的地方。

周朝實施廟祀制，天子、諸侯皆有其廟《禮記‧王制》言：「天子七廟，三昭三穆，與大祖之廟而七。諸侯五廟，二昭二穆，與大祖之廟而五。大夫三廟，一昭一穆，與大祖之廟而三。士一廟，庶人祭於寢。」〔註69〕天子、諸侯之祖廟稱宗廟，士大夫以下稱家廟（即後世之祠堂）。《文獻通考‧宗廟十四》：「宋仁宗皇帝慶曆元年十一月，南郊赦書，應中外文武官並許依舊式創立家廟。」〔註70〕《清文獻通考‧群廟五》：「順治十年，議定郡王以祀追封祖父于家廟，貝勒以下祀追封祖父于墳墓。」〔註71〕家廟是我國古代祭祀祖先的場所。家廟又稱祠堂、祠室，是家族爲祖先立的廟。廟中供奉神位，依時祭祀。家廟是同族的人共同祭祀祖先的房屋建築。一般建於宗族聚居的近地，歲時由族長率領族人共同祭祀。宗廟的存在歷史淵源甚早，自原始社會後期便出現了祖廟，河南安陽殷墟是目前我國發現最早的宗廟遺址。在中國歷朝便即存在家廟，師瓊珮在〈《朱子家禮‧四時祭》對家的理解──以祠堂爲探討中心〉探究先秦至宋代家廟中祭祀對象的形式與家廟。

（一）先秦至秦代

宋朝司馬光在〈文潞公家廟碑〉：「先王之制，自天子至於官師皆有廟。君子將營宮室，宗廟爲先，居室爲後。及秦非笑聖人，蕩滅典禮，務尊君卑臣，於是天子之外無敢營宗廟。漢世公卿貴人多建祠堂於墓所，在都邑則鮮焉。」〔註72〕依司馬光的說法，秦以前，天子官員均有祭祖的宗廟，至秦，爲了尊君，除天子外其餘均不蓋宗廟。而我們從周朝禮制中也能確信《禮記‧王制》言：「天子七廟，三昭三穆與大祖之廟而七。諸侯五廟，二昭二穆與大祖之廟而五。大夫三廟，一昭一穆與大祖之廟而三。士一廟，庶人祭於寢。」

〔註68〕（宋）李昉：《太平御覽》卷483〈人事部〉（臺北，新興書局，民48），頁2221。

〔註69〕姜義華注譯：《新譯禮記讀本》〈王制〉（臺北：三民書局印行，2000年），頁199。

〔註70〕〔元〕馬端臨：《文獻通考（一）》卷104〈宗廟考十四〉（臺北：商務印書館，1987年12月），頁946。

〔註71〕〔清〕《清朝文獻通考（一）》卷123〈群廟五〉（臺北：商務印書館，1987年12月），頁5929。

〔註72〕〔宋〕司馬光：《司馬溫公集》卷79〈文潞公家廟碑〉（臺北：臺灣中華書局，1987年），頁570。

〔註 73〕此時家廟是屬於貴族祭拜祖先的地方，在秦代甚至只屬於皇帝的。這時是階層制度嚴明的時候，因此家廟的主祭者有其一定的身分象徵。因此不論從政治或宗法層面，祭拜祖先有其嚴格的規範，從天子至庶人均要嚴格的遵守。

（二）漢代

漢代則是在墓旁立廟以祭祀祖先。根據上述司馬光的看法，宗廟是天子祭祖的場所，而公卿貴人則是在墓旁蓋祠堂祭祀祖先。然而此時的祠堂和宗法制度下的宗廟是不同的，他是墓廟的一種，意義上是用來祭祀祖先的。《漢書·張禹傳》：「禹年老自治塚塋，起祠室。」〔註 74〕《後漢書·清河孝王慶傳》：「朝廷大恩，猶當應有祠室，庶母子並食，魂靈有所依庇。」〔註 75〕但也可以是懷念先賢的地方。《後漢書·桓榮丁鴻列傳》「居無幾，會國相王吉以罪被誅，故人親戚莫敢至者。典獨黜官收斂歸葬，服喪三年，負土成墳，為立祠堂，盡禮而去。」〔註 76〕可見漢朝時祠堂祭祀不全與血緣有關係。

漢代祠堂設立是為展現身分地位。《鹽鐵論》言：「古者，不封不樹，反虞祭於寢，無壇宇之居，廟堂之位。及其後，則封之，庶人之墳半仞，其高可隱。今富者積土成山，列樹成林，臺榭連閣，集觀增樓。中者祠堂屏閣，垣闕罘罳。」〔註 77〕古時，庶民不積土為墳，不種墓樹，只在家中祭祀，不能另外蓋宮室，也沒有政治地位。後來允許庶人可積土為墳，但規定四尺高。如今富有之家的墓地，土堆的像山一樣，墓樹成林，建造樓閣。而中等之家則立祠堂，在裝飾上也很講究。成為了一種社會風氣，祠堂本應政府允許才可設立，但在民間社會只要經濟能力強的人皆立祠堂。

綜合以上所言，漢代祠堂具有祭祀祖先、懷念先賢和展現身分地位的功能。而其重大的特色是祠堂建在墓旁，而非設在家中。特別要提到的是這裡所說的祠堂祭祀與宗法制度下的祭祖是有差別的。宗法制度下的廟制有嚴格

〔註 73〕〔漢〕鄭玄注：《禮記》卷 4〈王制〉（臺北，新興書局 1991 年），頁 44。

〔註 74〕班固：《漢書》卷 51〈張禹傳〉（臺北：臺灣商務印書館，1996 年）（百衲本二十四史宋景宗刊本），頁 993。

〔註 75〕〔南朝宋〕范曄：《後漢書》卷 45〈清河孝王慶傳〉（臺灣商務印書館，1996年）（百衲本二十四史宋紹興刊本冊 2，頁 8），頁 816。

〔註 76〕同上註。〔南朝宋〕范曄：《後漢書》卷 37〈桓榮丁鴻列傳第二十七〉，頁 1258。

〔註 77〕〔漢〕桓寬：《鹽鐵論》，卷 6〈散不足第二十九〉（臺北市：臺灣中華書局，1985 年），頁 353。

的規定，他嚴格的規範自天子至庶民，因爲他不僅是身分地位的代表，背後更具濃厚的政治象徵。明顯的庶民無昭無穆且不能立廟，僅能在屋子正室祭祀祖先。

（三）魏晉南北朝

封建廟制在魏晉南北朝有長足的進展，並且與漢代有明顯的不同。《通典》言：「晉安昌公荀氏《祠制》云：荀氏進封大國，今祭六代，暫以廳事爲祭室，須立廟如制備物。」〔註78〕由於沒有家廟，因此以大廳爲祭祖的場所。《通典》言：「殷仲堪問庾叡：『綱紀有承重之身，身服已除，其應祭，吾尚有服，當得於廳事上祭不？』庾叡等答曰：『宜在別室。』又問云：『依禮，祭皆於宗子之家，支子每往助祭耳。又如吾家五等封，乃應有廟。今既無廟，而共家常以廳事爲蒸嘗之所。今一朝忽移別室，意殊不安。』劉功曹答云：『昔魯襄公尚於兄弟之廟，假鐘磬以成禮，今於廳事當無嫌也。』」〔註79〕殷氏其有五等爵位本應該有祖廟，但沒有立廟，而以家內的大廳爲祭祀的場所，祭祀時，不分宗子、支子共同祭祀。此時祭祀地點移至家中大廳與漢代立廟於墓旁來祭祀祖先有明顯的不同。

南朝時，士大夫祭祀祖先的場所也與晉朝相同，皆因沒有祖廟而選擇在家中祭祀，《通典》言：宋崔凱云：「祔祭於祖廟，祭於祖父，以合亡者祔祀之也。……適爾皇祖某甫以隮祔。今代皆無廟堂，於客堂設其祖座，東面，令亡者在其北，亦東面而共此饌也。」〔註80〕崔凱這番話說明了，士大夫祭祀的對象只能包含是父、祖，其場所是在自己家中，在此時期，家中包含了祭祀的地點是件平常的事情。

在北朝同樣也有祭祀祖先的習俗，而且立廟的風氣非常盛。從《隋書》的記載可以知道，北齊時，依官品立廟的規定，《隋書》言：「王及五等開國，執事官、散官從三品以上，皆祀五世。五等散品及執事官、散官正三品以下、從五品以上，祭三世。三品以上，牲用一太牢，五品以下，少牢。執事官正六品以下、從七品以上，祭二世，用特牲。正八品以下，達於庶人，祭於寢，牲用特肫，或亦祭祖禰。諸廟悉依宅堂之制，其間數各依廟多少爲限。其牲

〔註78〕 （唐）杜佑：《通典》卷52〈禮十二—— 未立廟祭議〉（北京：中華書局，1988年12月），頁1444。
〔註79〕 同上註。
〔註80〕 同上註。卷87〈禮四十七——祔祭〉，頁2374～2375。

皆子孫見官之牲。」〔註 81〕除了王及諸侯外，一品至七品的官員也可立廟，其廟的規模依照住家的建築形式，廟的間數依廟的多寡而定。八品至庶人則是祭於寢，沒有獨立的家廟。

綜觀上述，魏晉南北朝時期，允許士大夫及庶人在家中祭祀，其名稱為家廟。此時出現最早「家廟」的名稱。

（四）唐代

唐代祭祖多半是在家廟舉行，而祠堂是屬於公眾祭祀的場所，如唐太宗「贈殷比干為太師，諡曰忠烈，命所思封墓，葺祠堂，春秋祠以少牢，上自為文以祭之。」〔註 82〕。清人趙翼言：「唐以後士大夫各立家廟，祠堂名遂廢，若唐世所傳家廟碑、先廟碑之類，罕有名祠堂者。」〔註 83〕就趙翼的說法，唐代以前，祠堂是家中祭祖的場所，自唐以後，家廟取代了祠堂。然而，祠堂是否能解釋為家廟的前身是值得商確的。〔註 84〕而家廟的大量沿用，是從唐開始，〔註 85〕唐代時立家廟必須經由國家認可，如《通典》言：「大唐制，凡文武官二品以上，祠四廟。三品以上須兼爵，四廟外有始封祖，通祠五廟。五品以上，祠三廟。牲皆用少牢。六品以下，達於庶人，祭祖禰於正寢。」〔註 86〕依照官品而立廟，但六品以下至庶人依舊不可立廟，只能在家中大廳祭祀。因此，唐代的家廟並非普遍性的存在，唐代對官員立廟的要求非常嚴格，祭祀祖先的行為是屬於公共事務，非個人所能決定，因此，沒有立廟是要受處分的。

唐代在開元十二年（724）對家廟的規定做了一個修正，如《新唐書》言：「一品、二品四廟，三品三廟，五品二廟，嫡士一廟，庶人祭於寢。」

〔註81〕（唐）魏徵：《隋書》卷7〈禮儀志二〉（百衲本二十四史，臺北：臺灣商務印書館，1988年），頁68。

〔註82〕（五代）劉昫：《舊唐書》卷3〈本紀第三〉（臺北市：藝文印書館），頁57。

〔註83〕（清）趙翼撰，楊家駱主編：《陔餘叢考》卷32〈祠堂〉（臺北市：世界書局，1990年11月），頁366。

〔註84〕甘懷真認為趙翼所引魏晉南北的祠堂，多非祖先祭祀用的祠堂，是英雄神格的崇拜，所以不應視這一類的祠堂為家廟的淵源。見甘懷真著《唐代家廟禮制研究》（臺北：臺灣商務印書館，1991年），頁51，註釋1。

〔註85〕甘懷真言：家廟一詞的大量使用，始自於唐，尤其表現在法制文書上。見甘懷真著，《唐代家廟制研究》，第三章〈家廟制與身份的制度〉，頁51，註釋1。

〔註86〕（唐）杜佑：《通典》卷48〈禮八——諸侯士大夫士宗廟〉（臺北：臺灣商務印書館，1987年），頁1344。

〔註87〕這項制度最大的改變是允許六七品的官員立廟祭祖，庶人依舊不可立廟。然而，《開元禮》修定家廟制並成爲定制，《大唐開元禮》云：「凡文武官二品以上祠四廟，五品以上祠三廟。三品以上不須兼爵。四廟外，有始封者，通祀五廟。牲用少牢，六品以下，達於庶人，祭祖禰於正寢。」〔註88〕開元禮制定依身分實行的家廟制到五代時結束，如司馬光言：「唐世貴臣皆有廟，及五代蕩析，士民求生有所未遑，禮教頹壞，廟制遂絕。」〔註89〕祖先祭祀的場所不再以家廟爲主。這樣的觀念，到了宋朝以後出現了新的變化。

唐代家廟的體制是將庶人排除在外，雖然允許一般人民可以祭於寢，但是庶人沒有獨立的場所祭祀祖先，此外祭祀的對象只限於祖、禰，表現出貴賤之間身分上的差別，如甘懷眞言：

> 開元禮家廟禮的法源是《禮記》中〈祭法〉與〈王制〉篇，〈祭法〉：「庶人無廟，死曰鬼。」〈王制〉曰：「庶人祭於寢。」所謂的庶人，也就是《荀子。禮論篇》所云：「持手而食者不得立宗廟。」中的「持手而食」者，也就是孟子所說的「食人」與「治於人」，以今天的用語，就是被統治者。〔註90〕

從家廟制的發展可以看出，雖然時空的轉換，唐代仍希望依據禮經對祭祀身分的規定，落實在統治範圍內。然而，透過祭祀的場所，理解禮制的規定，是符合當時社會發展的需要。綜上所述，唐代的祠堂與家廟同屬祭祀的場所，其差別在前者以個人的祭祀爲主，後者是站在家的角度，用祭祀來延續一家一姓的生命。然而，兩者在唐代的共同點均需要政府的認可，不可隨意設立。

（五）宋代

歷經「五代蕩析」後的宋朝家廟制已無法推行。《宋史》：「五季之亂，禮

〔註87〕（唐）歐陽修：《新唐書》卷13〈禮樂志〉（百衲本二十四史臺北：臺灣商務印書館），頁345。

〔註88〕（唐）蕭嵩等：《大唐開元禮》卷3〈序例下〉收於《通典》卷108（臺北：臺灣商務印書館，1987年），頁571。

〔註89〕〔宋〕司馬光：《司馬溫公集》卷79〈文潞公家廟碑〉（臺北：臺灣中華書局，1987年），頁570。

〔註90〕甘懷眞：《唐代家廟禮制研究》（臺北：臺灣商務印書館，1991年），頁38。

文大壞，士大夫無襲爵，故不建廟，而四時寓祭室屋。」〔註91〕直到宋仁宗慶曆元年頒召，但何爲舊制無法得知？士人依舊無所依據。故司馬光言：「慶曆元年（1041）回郊祀，敕德文武百官，依舊式立家廟，令雖下，有司莫之舉，士大夫亦以耳目久不際，往往不知廟之可設於家也。」〔註92〕皇佑二年（1050）宋庠上奏請求議定家廟制度，從〈文潞公家廟碑〉記載言：「皇祐二年，天子宗祀禮，咸平章事宋公奏言：有司不能推述先典，明諭上仁，回循顧望遂諭十載，緣偷襲弊殊可嗟，閔臣嘗因進對屢開聖言謂：諸臣專殖第產不立私廟，睿心至意，形于嘆息，蓋由古今異宜，封爵殊制，因疑成憚，遂格詔書，請下禮官議定制度。於是翰林承旨而下共奏請，自平章事以上立四廟，東宮少保以上三廟。」〔註93〕但並無成效。宋代因經濟政治因素，雖想重振家廟制度，但終不得竟功。〔註94〕

（六）元朝

元代，以宗族爲單位建立的宗祠已經出現，甯海童氏聚族而居，明方孝孺《童氏族譜序》言：「相與作祠堂以奉其先祖」。此時家廟的設置以爲祭祖用，而且是家族共同建立的。〔註95〕

（七）明朝

〈封建社會後期的宗譜、宗祠、族田、族規、族長和族權〉論及宗祠部分提到：明初以來，「庶人無廟」的規矩被打破了，如清顧炎武《華陰王氏宗祠記》言：「愛宗敬長之道達諸天下，其能以宗法訓其家人立廟以祀者，……往往皆有」。明世宗嘉靖年間（1522 年）採納大學士夏言的建議，正式允許民間皆得聯宗立廟，從此宗祠遍立，祠宇建築到處可見。合族共祀者爲宗祠，宗祠一般規模較大。又有所謂統宗祠，又稱大宗祠，是數縣範圍內同一遠祖所傳族人合建的，如廣東嘉應，光緒《嘉應州志》：「俗重宗支，凡大小姓莫不有祠。……州城則有大宗祠，則並一州數縣之族而合建者」，江西新安皇呈

〔註91〕脫脫：《宋史》卷 109〈志第六十二，禮十二〉（臺北：藝文印書館），頁 2632。
〔註92〕〔宋〕司馬光：《司馬溫公集》卷 79〈文潞公家廟碑〉（臺北：臺灣中華書局，1987 年），頁 570。
〔註93〕同上註。〈文潞公家廟碑〉，頁 570。
〔註94〕自先秦到宋朝家廟論述資料節錄自師瓊珮：〈朱子《家禮》對家的理解～以祠堂爲探討中心〉。
〔註95〕〈封建社會後期的宗譜、宗祠、族田、族規、族長和族權〉資料來源 http://book.yunxiaoge.com/files/article/html/4/4557/221969.html。

徐氏統宗祠，下統三十八族，遠族有距祠三百里者。宗祠之下又有支祠、房祠、家祠、文祠、房祠爲族中各支派所建，用於供奉本支、本房的祖先，家祠則是一家或兄弟數家所建，只供奉兩、三代直系祖先。〔註96〕

（八）清朝

依據《清史稿·志六十四》：「自親王以下家廟，祭始封祖並高、曾、祖、禰五世。品官逮士庶人，祭高、曾、祖、禰四世。其餘或因事，或從俗，第無悖於祀典，亦在所不禁。此其概也。」〔註97〕在當代，上至自王公貴族，下至販夫走卒，皆可立家廟來祭祀自己的祖先。《清史稿·志六十九》：「崇德元年，定宗室封王者立家廟。」〔註98〕又：「凡品官家祭，廟立居室東。」〔註99〕；「庶士家祭，設龕寢堂北。」〔註100〕；「庶人家祭，設龕正寢北」〔註101〕。休甯茗洲吳氏除合族宗祠外，又分五支，每支立有分祠，支下分房，又各有祠。有的宗族在祖先墓地還另設墓祠，如清程昌《寶山公家議》：「追遠報本，於宗有合族之祠，於家有合戶之祠，有書院之祠，有墓下之祠。前人報本之義，至矣盡矣。」〔註102〕因此可見清朝的家廟制度是非常發達，各階層家廟的規範嚴明，興建追遠報本之祠堂種類也眾多，並可將之分門別類，有合族之祠、合戶之祠、書院之祠與墓下之祠。

二、崇遠堂由來

興建家廟祭祀祖先乃傳承自儒家慎終追遠的思想，張廖氏族自友來公成立一嗣雙祧之祠，且教子以孝爲治家之本，地方首長將其事蹟呈報上司，廖永安公四昆仲，爲地方「糧長」，並將堂號「崇遠」改爲「繼述」。〔註103〕

〔註96〕同上註，〈封建社會後期的宗譜、宗祠、族田、族規、族長和族權〉資料來源 http://book.yunxiaoge.com/files/article/html/4/4557/221969.html。

〔註97〕國史館校註：《清史稿校註》〈志六十四〉（臺北：臺灣商務印書館，1999年），頁 2708。

〔註98〕同上註，〈志六十九〉，頁 2796。

〔註99〕同上註，〈志六十九〉，頁 2797。

〔註100〕同上註，〈志六十九〉，頁 2798。

〔註101〕同上註，〈志六十九〉，頁 2799。

〔註102〕（清）程昌：《寶山公家議》卷三（周紹泉、趙亞光：《寶山公家議校注》（合肥市：黃山書社，1993年），頁 19。）

〔註103〕廖丑：《西螺七崁與臺灣開拓史》（雲林縣：加隆文具印刷商行，1998年），頁 451。

根據廖丑《西螺七崁與臺灣開拓史》整理之張廖氏族先民最早來台開拓雲林地區為廖必達（康熙三十年代；開墾港尾、田心（崙背））、廖朝孔（康熙四十年；開墾二崙，後遷移開墾台中（次子留守二崙））。〔註104〕而後不斷有繼起之族人來台開墾，時日漸久，他鄉為故鄉的景象慢慢形成風氣。陸陸續續的越來越多唐山客在臺灣落葉生根，也漸漸的把唐山那邊的生活習俗帶到臺灣現居地。根據七崁箴規中的第六崁：「堂教修譜，敦親睦族。」張廖一族在雲林縣開墾，根基日益穩固，因此聚眾集資，大興土木，籌建張廖祖祠。現在崇遠堂之前身張廖宗祠，即是民國前六十四年的下湳祠堂（堂號繼述堂）。清道光二十六年，由族人廖秋紅、廖子牌、廖昌盛、廖裕賢、廖賀、廖榮捷、廖文江、廖拔奇等八人，共同捐資購置約五甲田園，其中約壹甲在下湳，道光二十八年，在下湳創建祠堂，顏曰繼述堂。張廖氏族的精神中心於是存焉，族人按歲時祭祀，一族和樂融融。直至光緒元年因族內發生械鬥〔註105〕，頓時繼述堂失去經濟來源，導致祭祖風氣亦微。從此之後張廖祖祠歷經艱辛的重建之路，以下崇遠堂之興建過程整理自《崇遠堂張廖宗祠沿革詳誌》：

光緒三年冬及光緒八年廖振源率弟廖振峯回官陂抄寫族譜，倡重修祠堂，但廖秋紅經濟周轉不靈，更逢丁母之憂，廖振源孤掌難鳴。光緒十三年廖秋紅卒，重整七嵌之望，更墜入五里霧中。宗親中人言嘖嘖，謂下湳祠堂地理不吉，而且交通不便，堂址亦非宗親分佈中心，因而廖振源招募西螺宗親捐資四十餘份，購置宅地四分餘，在西螺太子爺廟南方（正興里）籌備創建祠堂，詎料光緒十七年，振源卒，更逢颱風肆虐，致使下湳祠堂倒廢，因此祠堂祭祖及七嵌箴規盡失。

廖秋紅胞弟之孫廖景琛於下湳祠堂傾圮後將元子公祖龕請回家奉祀，並執掌公業一切權益，例年祇有正月十一日祭祖，時宗親等謂下湳地理不吉，必須移建他處始能平安。結果贊成於西螺重建者為多，因此決議創建在新公

〔註104〕同上註，頁 386。

〔註105〕光緒元年四月，李龍溪之子騎白馬外出，白馬盜食廖雀輝之稻子，為雀輝之子所傷。龍溪登門理論，互不相讓。龍溪誘捉雀輝之子挖目殺之，雀輝報官後，也以牙還牙，以相同手法殺了龍溪之子。龍溪大怒，糾合鍾、李二姓聯手攻擊廖姓人氏。廖氏不甘受辱，走告雀輝，雀輝聯合張廖族人展開兩年又四個月械鬥。最後雙方罪魁禍首均受法律嚴懲而正法，但人員的死傷，地方的動盪不安，財產的損失，祭祖及祈安酬神的拜拜停辦而式微。都已無法挽回。此即所謂的「白馬事件」。以上節錄自《張廖元子公族訊》（虎尾：久松出版社，1995 年 8 月），頁 131～132。

宅（正興里），並以原名繼述爲堂號，詎知有人反對，謂繼述堂爲十世祖念圭公之私房堂號，蓋指謫廖秋紅爲念圭公之裔孫也。念圭公乃六世祖日享公之裔孫，而反對者同是日享公之派下，其實繼述二字乃三世祖永安公之撰，永寧、永傳、永祖共同最初從崇遠而來之繼述也，崇遠二字與繼述均爲最初之堂號，反對者胡猜亂測，置重建祠堂之大局於不顧。是以重新興建之路遙遙無期。

明治三十六年廖登雲向官廳提出申報登記，將奉祀於景琛家之元子公祖龕請回家中祭祀。宗親議論私第變祠堂、假祠堂管眞業。後廖登雲乃在正興里新公宅擇日舉行上樑，本以祠堂興建有望，但年復一年，杳然無息。

大正八年改組管理，廖旺生、廖成江、廖初淵、廖天來、廖富九、廖壬水、廖裕火、廖懷臣、廖本源、廖進益等人爲新任管理員，人才濟濟，本以爲祠堂重建指日可待，但祭祖卻如同迎神，失其莊嚴肅穆之情。

大正十三年，廖富淵、廖天來、廖旺生、廖學昆、廖重光等人，認爲祠堂非重建不可，因而聘請地理師廖永昌勘查西螺、二崙地形，但西螺宗親有主新公宅已上梁，不宜另覓地點，導致堂址忸怩未決，祠堂重建仍未定案。

大正十五年，廖天來、廖重光、廖學昆等推舉廖大漢主持定籌立向，組織建築委員會，由廖重光、廖富淵、廖學昆、廖旺生、張崇岳擔任委員，重建祠堂終於開始施工，在大正十七年終於完工，「崇遠堂」於是存焉（見圖五）。

「崇遠堂」爲座落於西螺鎮福田里新厝 22 號的張廖宗祠，是民國十五年重建，迄今已近八十年之久，其正門爲五開間立面，屋頂採斷簷生箭口形式，中央之間推縮形成凹壽，並以一對龍柱與石獅形成中央視覺焦點，中殿以三開間的軒

圖五：張廖宗祠崇遠堂

資料來源：www.gses.ylc.edu.tw/shilo4.html

廷拜殿結合主要的祭祀空間，是全省最大的宗祠家廟。與臺北市陳姓大

宗祠和臺中市林氏大宗祠並駕齊驅，同列為臺灣地區三大宗廟。〔註106〕

以下將崇遠堂基本資料簡要記錄：

原名：繼述堂

創建年代：道光二十八年（西元 1848 年），道光二十九年完工

遷建年代：民國十五年（西元 1926 年），十七年春竣工

供奉神主：張元子

廟址：原址於下湳；現址於西螺鎮福田里新厝二十二號

重要慶典：春祭農曆元月十一日、秋祭農曆九月九日

宗親會：雲林縣元子公張廖宗親會

理事：廖心勝

改建原因：

1、三姓械鬥，導致祭祖事宜停歇。

2、經濟不振使整建受阻。

3、天災肆虐，直接摧毀家廟，於光緒十七年（西元 1891 年）十一月。

目前崇遠堂的基本資料如下（西元 2006 年）：

供奉主神：元子公、張廖二姓高曾祖、考妣

廟址：西螺鎮福田里新厝 22 號

重要慶典：春祭農曆元月十一日、秋祭農曆九月九日

宗親會：民國四十二年成立雲林縣元子公張廖宗親會

理事長：廖宜憲

常務監事：廖仙員

財團法人：民國四十九年二月十八日設立財團法人廖元子公育英會

董事長：廖介源

　　崇遠堂的前身繼述堂，是自清康熙四十年廖朝孔來臺開墾之後，陸續經過百年，代代相傳，克勤克儉胼手胝足的努力下，有所成就，為懷念祖先德

〔註106〕崇遠堂宗祠沿革編輯委員會：《崇遠堂張廖宗祠沿革詳誌》（雲林：雲林縣元子公張廖姓宗親會印製，1965 年五月），頁 12～26。

澤，於是提議興建祠堂，藉以教化子孫，永誌祖訓。於道光二十六年（西元
1846 年）推舉廖賀、廖拔奇、廖文江、廖榮捷、廖昌盛、廖子牌、廖裕賢、
廖秋紅等為委員，族人共同捐資於西螺下湳購置田地五甲為祭祀公業，以籌
建宗祠。道光二十八年（西元 1848 年）破土，於二十九年冬竣工，並擇正月
十一日（廖元子忌辰）、九月初九（九月為元子生辰月，但生日不詳，取九日
為重陽佳節），舉辦春秋二祭。雖然繼述堂已損毀，而春秋二祭的傳統延續到
崇遠堂。

第三節　祭祀公業

一、何謂祭祀公業？

　　根據內政部民政司所下的定義為：祭祀公業係前清或日據時期先民離鄉
背井之際，為懷念其原鄉祖先，而由子孫集資購置田產，以其收益作為祖先
祭祀時之備辦及聚餐費用，其意義是使祖先有「血食」，後代子孫聚集「吃祖」，
充分顯示當時臺灣先民社會慎終追遠、尊祖敬宗優良傳統美德。因此祭祀公
業組織，可以說是代表臺灣漢人社會獨特而具有歷史意義的習尚，從南宋「祭
田」、「義田」的理念開始，先民希望從因敬拜祖先而獲得祖先餘蔭到以宗法
制度所發展出來對家族子孫成員照顧的做法，形成早期臺灣社會一股家族團
結的力量。

　　祭祀公業設立必須有二個要件，即人的要素及物的要素，人的部分指須
有享祀人及派下子孫，物的要素指須有財產，大多數臺灣的祭祀公業組合條
件，都是土地與房屋，其產權名義以享祀者（即祖先姓名）為登記名義人，
常態性的祭祀公業不動產登記，均冠以「祭祀公業」以區隔一般私人（自然
人）不動產，惟其在宗族性祭祀公業命名上，有以祖先姓名、家族公號、家
號、組成房數、祖先偏名，如「祭祀公業陳○○」、「祭祀公業陳益興號」、「祭
祀公業陳七房」；日據時期大正十一年以後，日本政府以皇民化措施有計畫
的消滅神明會組織，使神明會管理人紛將財產冠上祭祀公業名義，如「祭祀
公業三官大帝」，致造成目前祭祀公業不動產、清理認定上的許多問題。

　　臺灣祭祀公業子孫繼承權通稱為派下權，所謂派下權是指身分權與財產
權的集合，依據當時臺灣民事習慣，係以男系繼承為主，無男系可繼承者，

冠本身家族姓氏的未出嫁女子、養子女或招贅婚所生男子，亦有派下權，其認定依私權自理原則，由祭祀公業內部自行依規約或共同決議方式加以認定，政府主管機關原則上不介入私權之認定。

　　政府在祭祀公業案件處理態度，僅係基於協助祭祀公業後代子孫清理其派下子系系統表，俾發給祭祀公業派下員名冊之成員召開派下員大會改選管理人並行使派下員（公同共有人）處分財產之同意權。〔註107〕

　　根據內政部民政司所提到的重點有四項：一、祭祀公業的產生沿襲傳統，為祭祀祖先所需之費用，初時族人共同出資購置田產，後以其收益作為祖先祭祀時之備辦及聚餐費用。二、要件有二，人的要素及物的要素，人的部分指須有享祀人及派下子孫，物的要素指須有財產。三、祭祀公業不動產、清理認定上將會產生許多問題。四、臺灣祭祀公業子孫繼承權通稱為派下權，所謂派下權是指身分權與財產權的集合。意思就是說被列為派下之人即有處分財產之同意權。依照正常傳宗接代的演化，一家族的派下員會越衍生越繁雜，祭祀公業財產管理的困難度也會越來越高難度。

　　其實更進一步解釋，祭祀公業者，係以祭祀祖先為目的而由享祀者之子孫，或由設立人之子孫所組成並設置獨立財產之家族團體，源於中國大陸之祭田。最早設置於宋朝熙寧、元豐年間。臺灣祭祀公業其思想淵源與組織型態雖出自大陸之祭田，但設立之實質內容與祭田稍異；迨於清朝嘉慶、道光年間產生，於清朝、日據時期盛行於臺灣，成為臺灣特殊之民間習慣。祭與祀有別，地祇曰祭，天神稱祀；公即共也，業指產業。其意義是使祖先有「血食」，後代子孫聚集「吃祖」，充分顯示當時臺灣先民社會慎終追遠、尊祖敬宗優良傳統美德。

　　祭祀公業取名無一定標準，係聽由設立人隨意定之，至為明甚。散見於臺灣祭祀公業文獻上之名稱有如「祖公」、「百世祀業」、「祭祀公業」、「公田」、「大公田」、「公山」等等。在客族間尚有稱之為「嘗」、「公業」、「祖嘗」、「蒸嘗」等。閩族多稱「公業」、「祭祀業」、「祀產」。等以「祖公蒸」、「百世祀業」、「公田」、「大公田」、「公山」等用詞及「嘗」、「公業」、「祖嘗」之稱謂辦理登記之土地，既認其為祭祀公業之稱謂。

　　祭祀公業其成立條件必須具備第一、祭祀祖先的子孫，稱之為派下，第二、支付祭祀經費的獨立財產。臺灣祭祀公業子孫繼承權通稱為派下權，所

〔註107〕內政部民政司 http://www.moi.gov.tw/dca/customs06.asp。

謂派下權是指身分權與財產權的集合,依據當時臺灣民事習慣,係以男系繼承爲主,無男系可繼承者,冠本身家族姓氏的未出嫁女子、養子女或招贅婚所生男子,亦有派下權。大多數臺灣的祭祀公業財產,都是土地與房屋,其產權名義以享祀者(即祖先姓名)爲登記名義人,常態性的祭祀公業不動產登記,均冠以「祭祀公業」字樣。

　　早期來臺的漢人大都只打算做短暫停留,因此並沒有祭祖的問題。但逐漸定居下來後,祭祖便成爲必備之事。回鄉祭祖雖是好事,但臺灣海峽形勢險惡,而且在臺族人漸多,於是開始建祠堂。以祭祀祖先爲組織要件的團體,分有「唐山祖宗族」與「開臺祖宗族」。唐山祖宗族通常來自同祖籍地,同姓但不必有直接血緣關係;祭拜共同的遠祖。開臺祖宗族則是較晚出現,待有些宗族在臺灣已繁衍三、四代以後,其成員也成立祭祀團體,祭拜第一位來臺祖先。這兩種團體是可以相互重複存在的,數個開臺祖宗族共有一個唐山祖。

　　而根據陳其南《臺灣的傳統中國社會‧宗族的形成與土著社會》討論到的唐山祖宗族、開臺祖宗族,他認爲宗族組織的有形基礎是祭田或祖嘗,在臺灣則稱爲「祭祀公業」。〔註108〕要瞭解臺灣的宗族制度,首先就必須釐清祭祀公業的性質。對於臺灣祭祀公業之研究,戴炎輝把臺灣的祭祀公業組成分爲,鬮分字祭祀團體與合約字祭祀團體兩種。〔註109〕而客家人也常常以「合約字」或「鬮分字」方式作爲宗族分產或立契約的模式。前者成立的時間大致是在 1850 年代以前的邊疆社會時期,後者大多在 1850 年代以後的在地化社會時期。〔註110〕雖然兩者都是以祭祀祖先爲目的所組織之團體,但設立的方式卻不同。

　　鬮分字祭祀團體是鬮分家產時抽出一部分來作祭祀公業,鬮分時對家產有份的人全部爲派下,而其派下權的份量則照其家產應分額來分配。

〔註108〕陳其南:《臺灣的傳統中國社會》(臺北:允晨文化實業股份有限公司,1987年),頁 143～150。

〔註109〕戴炎輝:臺灣的祭祀公業組成分爲,鬮分字祭祀團體與合約字祭祀團體兩種。鬮分字祭祀團體是鬮分家產時抽出一部分來作祭祀公業,鬮分時對家產有份的人全部爲派下,而其派下權的份量則照其家產應分額來分配。合約字祭祀團體,乃是向來自同祖籍地的墾民以契約方式共同湊錢而購置田產,派下人僅限於出錢的族人。戴炎輝撰〈祭田又は祭祀公業〉《法學協會雜誌》,五四卷十一號,頁 122～123。

〔註110〕莊英章,陳運棟:〈清代頭份的宗族與社會發展史〉刊於《國立台灣師範大學歷史學報》,第 10 期,(台北:國立台灣師範大學,1982 年),頁 362。

合約字祭祀團體，乃是向來自同祖籍地的墾民以契約方式共同湊錢而購置田產，派下人僅限於出錢的族人。

所以，鬮分字的宗族團體，是由某位特定祖先之後代所組成，也就是在鬮分他的財產時抽出一部分充當祭祀公業，是純粹基於血緣關係所組成。享祀的祖先多為世代較近的「開臺祖」。這種鬮分字祭祀公業所組成的宗族稱為「開臺祖宗族」，其祭祀對象通常是第一位開臺祖或其後代。相對的，合約字的祭祀團體所祭祀的祖先，世代通常較遠，包容更多的成員。這些享祀的祖先是從來沒有來過臺灣的，故稱為「唐山祖」。其派下可以包括數位開臺祖之後代，我們稱之為「唐山祖宗族」。實際上，臺灣民間對於祭祀公業往往也分為大公（唐山祖）和小公（開臺祖），這雖然是相對性的名詞，但常被用於分別唐山祖宗族和開臺祖宗族之祭祀公業。根據這樣的定義，開臺祖宗族的祭祀公業雖然有時採合約字的方式組成，但唐山祖宗族之成立則顯然不可能有所謂鬮分字者。

對於開臺祖宗族，或鬮分字的祭祀團體而言，宗族內部財產支配完全是從分家的觀念延伸而來，即所謂「照房份」。這種所謂「照房份」的方式之權利義務分配，是以系譜為其根據的。然而，因為當事人腦筋裡對於房份往往已經有了清楚的概念，有形的系譜是否存在並不重要。

對於唐山祖宗族而言，由於合約時所定法則的不同而各有其特別的組織型態，大部分已經不可能採取「照房份」的方式。一方面則因為世代較深，若使用「照房份」的分配方式，那麼整個分配制度必然非常複雜，而執行起來有實際上的困難。因此唐山祖宗族的構成，表現在祭祀公業上的分配方式往往是照股份或丁份，有時兩種同時使用。照丁份的「丁仔公」通常是以某位唐山祖為其團結核心。其組成方式大體是由該祖之所有男性子孫均等出資所構成，但在這個條件下，仍然是自願性的，並非該祖之所有男性子孫均加入這個「公」。

我們說「丁仔會」或「祖公會」是「移殖性」的宗族團體，因為其所祭祀的是以未曾到過臺灣的唐山祖為對象。而且，其組成方式也與典型宗族組織的分枝相反，是採取融合的型態。也就是不同開臺祖的後代聯合起來，組成一個以唐山祖為祭祀對象的宗族。他們採取與典型宗族（照房份）不同的分配制度而根據股份或丁份的原則。顯然，此種融合型的組織方式容許偏離系譜法則，而採取半自願性的，非家族意識的組織。

二、張廖家族的祭祀公業

根據廖丑《西螺七崁與臺灣開拓史》中紀錄，清康熙末年至雍正年間，從大陸移民來臺墾荒的廖氏先民共計二百四十四人〔註111〕，其中雙廖一百四十八人，單廖九十六人。就雙廖而言，落戶於雲林縣的雙廖有八十五人，分別居住於崙背鄉（五人）、二崙鄉（三十七人）、西螺鎮（四十三人）。其餘分別居住在台中市西屯區；南投縣竹山鎮竹山、中寮鄉、草屯鎮、南投市；臺北縣土城市、新店市、板橋市、臺北市；台中縣豐原市、烏日鄉、潭子鄉；宜蘭羅東鎮、宜蘭市；嘉義竹崎鄉；桃園縣大溪鎮、桃園市等地。其中居住於雲林縣者爲最大宗，且集居於崙背鄉、二崙鄉、西螺鎮三地，漸漸形成雙廖大聚落。以下將清康熙末年至雍正年間，從大陸漳州府詔安縣官坡移民來臺開墾雲林縣的雙廖先民名冊，根據廖丑《西螺七崁與臺灣開拓史》中紀錄整理臚列如下表，並涵蓋姓名、世別、入墾年代和入墾地區（以現今地名表示）。

表二：清康熙末年至雍正年間從大陸漳州府詔安縣官坡移民來臺開墾雲林縣的雙廖先民一覽表〔註112〕

編號	姓　名	世　別	入臺年代	入臺地點（今地名）
1	廖必達	第十世	康熙三十年代	崙背鄉港尾、田心
2	廖朝孔	第十二世	康熙四十年	先至二崙開墾後與一、三子移居臺中
3	廖朝問	第十二世	康熙四十年	二崙鄉二崙
4	廖朝路	第十二世	康熙四十年	二崙鄉二崙
5	廖朝近	第十二世	康熙四十年	二崙鄉二崙
6	廖朝廳	第十二世	康熙四十年	二崙鄉二崙
7	廖　墻	第十二世	康熙末年	二崙鄉田尾
8	廖毅朴	第十二世	康熙末年	二崙鄉田尾
9	廖欽承	第十三世	康熙末年	崙背鄉港尾
10	廖欽成	第十三世	康熙末年	崙背鄉港尾

〔註111〕廖丑：《西螺七崁與臺灣開拓史》（雲林縣：加隆文具印刷商行，1998 年），頁 475～495。
〔註112〕整理自廖丑編著《西螺七崁與臺灣開拓史》（雲林縣：加隆文具印刷商行，1998 年），頁 475～495。

11	廖朝綴	第十二世	雍正年間	西螺鎮廣興
12	廖朝雅	第十二世	雍正年間	西螺鎮廣興
13	廖朝博	第十二世	雍正年間	西螺鎮廣興
14	廖朝騫	第十二世	雍正年間	西螺鎮廣興
15	廖朝訓	第十二世	雍正年間	西螺鎮廣興
16	廖朝烈	第十二世	雍正年間	西螺鎮廣興
17	廖敦直	第十二世	雍正年間	西螺鎮廣興
18	廖勤柔	第十三世	雍正年間	西螺鎮廣興
19	廖席珍	第十三世	雍正年間	西螺鎮廣興
20	廖元桃	第十四世	乾隆年間	西螺鎮廣興
21	廖明羽	第十一世	雍正年間	西螺鎮埔姜崙
22	廖廣昭	第十二世	雍正年間	西螺鎮埔姜崙
23	廖眞質	第十二世	雍正年間	西螺鎮埔姜崙
24	廖成功	第十三世	雍正年間	西螺鎮埔姜崙
25	廖　楓	第十二世	雍正年間	西螺鎮頂湳
26	廖順義	第十三世	乾隆年間	西螺鎮頂湳
27	廖晞陽	第十四世	乾隆年間	西螺鎮頂湳
28	廖純朴	第十三世	雍正年間	西螺鎮魚寮
29	廖廷墜	第十三世	乾隆年間	西螺鎮九塊厝
30	廖廷蘇	第十三世	乾隆年間	西螺鎮九塊厝
31	廖慈信	第十四世	乾隆年間	西螺鎮九塊厝
32	廖元表	第十四世	乾隆年間	西螺鎮下湳
33	廖敦實	第十四世	雍正年間	西螺鎮下湳
34	廖吉其	第十四世	乾隆年間	西螺鎮下湳
35	廖亦和	第十四世	乾隆年間	西螺鎮下湳
36	廖天富	第十四世	雍正年間	西螺鎮下湳
37	廖　賜	第十三世	乾隆年間	西螺鎮太哥寮
38	廖國他	第十四世	乾隆年間	西螺鎮太哥寮
39	廖國禮	第十四世	乾隆年間	西螺鎮太哥寮
40	廖廷添	第十三世	乾隆年間	西螺鎮吳厝
41	廖國闊	第十四世	乾隆年間	西螺鎮吳厝
42	廖國田	第十四世	乾隆年間	西螺鎮吳厝

43	廖國敏	第十四世	乾隆年間	西螺鎮吳厝
44	廖國愛	第十四世	乾隆年間	西螺鎮吳厝
45	廖乾沛	第十二世	雍正年間	二崙鄉田尾
46	廖爲見	第十一世	雍正年間	二崙鄉湳仔
47	廖朝篁	第十二世	雍正年間	二崙鄉湳仔
48	廖朝著	第十二世	雍正年間	二崙鄉十八張犁
49	廖諒可	第十二世	雍正年間	二崙鄉十八張犁
50	廖天才	第十二世	雍正年間	二崙鄉三塊厝
51	廖良材	第十二世	雍正年間	二崙鄉三塊厝
52	廖士葉	第十二世	雍正年間	二崙鄉深坑仔
53	廖崇洞	第十二世	雍正年間	二崙鄉裏仔
54	廖次良	第十四世	雍正年間	二崙鄉回來厝
55	廖德永	第十二世	雍正年間	二崙鄉打牛湳
56	廖盈秋	第十四世	雍正年間	二崙鄉打牛湳
57	廖盛周	第十四世	雍正年間	崙背鄉港尾
58	廖時北	第十二世	雍正年間	崙背鄉港尾
59	廖榮昌	第十三世	乾隆年間	二崙鄉田尾
60	廖新善	第十三世	乾隆年間	二崙鄉田尾
61	廖盈漢	第十四世	雍正年間	二崙鄉田尾
62	廖敦厚	第十二世	雍正年間	二崙鄉田尾
63	廖朝作	第十二世	乾隆年間	二崙鄉湳仔
64	廖名譽	第十三世	乾隆年間	二崙鄉湳仔
65	廖奇情	第十五世	乾隆年間	二崙鄉湳仔
66	廖　眞	第十五世	乾隆年間	二崙鄉湳仔
67	廖廷霑	第十三世	乾隆年間	二崙鄉十八張犁
68	廖士許	第十三世	乾隆年間	二崙鄉三塊厝
69	廖會賢	第十五世	乾隆年間	二崙鄉三塊厝
70	廖國天	第十四世	乾隆年間	二崙鄉新店
71	廖士曾	第十五世	乾隆年間	二崙鄉二崙下庄
72	廖義直	第十四世	乾隆年間	二崙鄉二崙下庄
73	廖統榮	第十二世	乾隆年間	二崙鄉二崙下庄
74	廖永溫	第十三世	乾隆年間	二崙鄉揚賢

75	廖時挑	第十四世	乾隆年間	二崙鄉頂茄塘
76	廖智達	第十二世	乾隆年間	二崙鄉永定厝
77	廖身修	第十三世	乾隆年間	西螺街上
78	廖文煥	第十三世	乾隆年間	西螺街上
79	廖哲候	第十二世	乾隆年間	西螺街上
80	廖良質	第十三世	乾隆年間	西螺街上
81	廖進軒	第十三世	乾隆年間	西螺街上
82	廖克忠	第十三世	乾隆年間	西螺街上
83	廖信直	第十二世	乾隆年間	西螺街上
84	廖璉之	第十一世	乾隆年間	西螺街上
85	廖　資	第十二世	乾隆年間	西螺街上

　　一個家族在某地落戶繁衍以後，恪遵中華傳統孝道，追思祖先，於是建祠堂，有餘力即著手修族譜，因此保留了家族世代的譜系。譜牒大體記載了兩個主要部份，一是記載祖先傳下來的「世輩」（即所謂昭穆，見本文第三章），另一是記載祖先系統支派。因此從族譜中可追尋出各支各系的記載資料，張廖始祖之世系表如下：

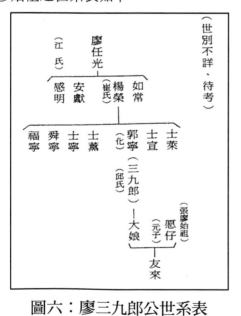

圖六：廖三九郎公世系表

資料來源：廖丑編著《西螺七崁與臺
灣開拓史》，頁445。

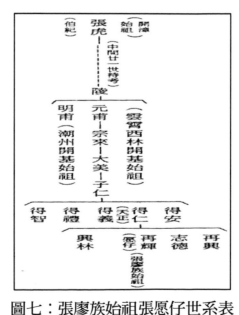

圖七：張廖族始祖張愿仔世系表

資料來源：廖丑編著《西螺七崁與臺灣
開拓史》，頁446。

以下根據《廖氏大宗譜》羅列張廖一族（清武元子公本派）來台之派下譜系〔註113〕：

（一）溪口日享公派

1、渡台十四世母公派
2、渡台十六世子緞公派
3、渡台十四世國敏公派
4、渡台十三世天調公派
5、渡台十六世子總公派
6、渡台十四世晞陽公派
7、渡台十三世順義公派
8、渡台十三世敦直公派
9、渡台十五世裕賢公派
10、渡台十三世廷送公派
11、渡台十六世阿七公派
12、渡台十一世爲見公派
13、渡台十四世義直公派
14、渡台十二世朝著公派
15、渡台十三世廷雅公派
16、渡台侃厚公派
17、渡台十三世賮義公派
18、渡台十二世敦厚公派
19、渡台十三世廷霱公派

（二）田背港尾日旺公派

1、渡台十四世時綠公派
2、渡台十二世朝近公派
3、渡台十二世朝孔公派大房
4、渡台十一二世朝孔公派次房
5、渡台十二世朝孔公派三房
6、渡台十二世朝問公派
7、渡台十四世時挑公派
8、渡台十三世廷碧公派
9、渡台十五世士曾公派
10、渡台十二世朝晚公派
11、渡台十三世廷繁公派
12、渡台十四世時吉公派
13、渡台十三世貽卿公派
14、渡台十二世朝廳公派

（三）厚福道烈公派

1、渡台十三世耀宗公派
2、渡台十二世耀遠公派
3、渡台十二世達成公派
4、渡台十二世達惠公派
5、渡台十二世永泉派

（四）厚福道昭公派

1、渡台十二世拈老公派
6、渡台十二世崇間公派

〔註113〕廖德福：《廖氏大宗譜》（台中：慶榮製本所，1979年10月初版），頁4～6。

2、渡台十二世溫和公派

3、渡台十三世天海公派

4、渡台十二世崇祺公派

5、渡台十二世崇琴公派

7、渡台十四世有孝公派

8、渡台十二世有敏媽派

9、渡台十三世蕊公派

（五）厚福道順公派

1、渡台十一世宦仁公派

（六）永寧十一世日惠公派

1、渡台十五世望照公派

2、渡台十五世承提公派

（七）平寨崁下天與公派

1、渡台十二世時鱗公派

2、天與十五世有湛公派

5、渡台十一世義信公派

6、渡台十一世永嘗公派

7、渡台十三世文添公派

3、渡台十二世時應公派

4、渡台十二世時等公派

8、渡台十二世剛直公派

9、渡台十三世成功公派

（八）鄭坑理尊公派

1、渡台十一世衷敬公派

2、渡台宗佑公派

（九）渡台十二世序魁公派

定居於雲林縣之廖姓居民紛紛捐資，形成合約字的祭祀公業。道光二十九年冬繼述堂完竣，凡元子公裔孫，人人皆可加入其祭祀公業，成爲張廖元子公祭祀公業的一員。祭祀公業經費來源以宗親人數計口算丁（男一人爲一丁，女一人爲一口，兩口爲一丁），爲每年正月十一日忌辰及九月生辰（日期未詳）祭祖，名爲春秋二祭。

現在崇遠堂所成立之祭祀公業乃民國前六十六年（道光 26 年）族人廖秋紅、廖子牌、廖昌盛、廖裕賢、廖賀、廖榮捷、廖文江、廖拔奇等八人，共同捐資購置約五甲田園，以爲崇祀元子公所需之經費來源。

張廖家廟祭祀對象爲張廖元子公，而其祭祀公業來源除出租田產租金外，亦有收丁錢的規範。祭祀唐山祖屬合約字祭祀團體，也就是由來自同祖

籍地的墾民以契約方式共同湊錢而購置田產，派下人僅限於出錢的族人，表現在祭祀公業上就是照股份或丁份（以宗親人數計口算丁，男一人爲一丁女一人爲一口，兩口爲一丁）。以支付祭祀元子公時所需一切經費。但因人事更迭，從成立祭祀公業之初，歷經三姓械鬥、宗祠重建種種，導致宗族之間感情生變，加上祭祀公業管理權不易釐清，因此有意成立法律認定之財團法人來管理公業。

三、張廖祭祀公業變革：

（一）宗親會成立

祭祖觀念欲普及宗親，宜先組織宗親會，始能達成任務，於是民國四十二年由廖大漢組織張廖姓宗親會，乃有具體祭祖之形式，首屆宗親會理事長廖水。

廖大漢並在大會席上發表二件建議。

1、創建宗祠當時，宗親故張崇岳，任建築委員，對宗祠配局之改移水路，向水利當局，交涉之任務，厥功甚鉅，且捐獻龍柱，並協助其他任務之貢獻，宜對其直系子孫保留監事一席，以資紀念，乃以動議規程，審查後議決通過。

2、有宗祠宜有族譜，且我張廖乃一嗣雙桃，並非複姓，宜將七條祖訓（通稱七嵌箴規）附印族譜之內，俾宗親知所遵守，仍以動議規程，審查結果，以該族譜無從編輯，予以保留。

修族譜事項並未通過，因此嗣後廖大漢重申建議宗旨，以其個人，自備川資，參加省內，張廖簡族譜編輯委員會在外蒐集資料，惟對內非組織元子公族譜編輯委員會不可。要求宗親，予以協助，並聲明預定民國四十八年完成任務，後果如期出版。其組織如下：

元子公族譜編輯委員會主任委員：廖大漢

委員：廖大銓、廖名經、廖見、廖清江

顧問：廖富淵、廖成江、廖壽

（二）財團法人廖元子公育英會成立

宗祠或祠堂爲學堂以教宗親子弟，先明祖訓，然後使讀經書，俾學優而

爲公私服務者，唯我張廖有七嵌箴規，並育英而創設宗祠爲具體機構，因時代不同辦法有異，宜將機構善爲致用。

民國四十七年四月，由廖學昆於家宅召開長老會議，結論有二：其一，張廖姓宗親會宗旨爲普及祭祖觀念，其二，育英事業宗旨爲造就人才。上述兩個宗旨事業，資用浩大，宜組織財團法人，將公業捐入財團法人，收支官廳監查，財產不致分散。然爲遵守祖訓第一條及辦理上勿使混淆，育英事業須與宗親會分離，繼而公選廖東義、廖塗爲育英會章程起草委員。

民國四十七年十月十二日，召開公業管理人及宗親會理監事會，議決：將公業捐入財團法人育英會；宗親會與育英會依七嵌箴規之第一嵌有財產權益，對辦理上勿使混淆，宜分離。

民國四十八年七月十二日，召開第一次籌備委員會，審查財團法人廖元子公育英會組織章程，並議決派員調查公業管理人派下住址姓名。

民國四十八年十月二十五日，召開第二次籌備委員會，議決：公業捐獻財團法人廖元子公育英會同意書徵求同意簽名蓋章。

民國四十八年十一月向雲林縣政府申請公業管理人派下證明。

民國四十八年十一月二十九日、三十日、十二月一日計三天，在新生報登刊對公業管理人派下證明徵求異議之公告，結果並無異議應徵，乃於民國四十八年十二月三十日蒙雲林縣政府以「雲府金民行字第四一三五三號」核准派下證明。

財團法人設置前置作業均已完成，乃在民國四十九年二月十二日推奉廖東義爲董事長，向雲林縣政府申請財團法人廖元子公育英會之設立。民國四十九年二月十八日蒙雲林縣政府以「雲府金民字第七六三六號」許可設立財團法人廖元子公育英會。並於民國四十九年二月二十三日以董事會長廖東義名義向嘉義地方法院申請財團法人廖元子公育英會登記，民國四十九年三月三日蒙嘉義地方法院以「以登記簿第十二頁第十二號登記」。財團法人廖元子公育英會於是成立。民國四十九年九月二十七日再將會員大會改爲會員代表大會，民國五十年三月十八日修改章程置監事三人。至此財團法人廖元子公育英會組織於此完備，張廖祭祀公業由此脫胎換骨成爲財團法人，繼續爲普及祭祖觀念、培育後代子孫努力。〔註114〕

〔註114〕崇遠堂宗祠沿革編輯委員會：《崇遠堂張廖宗祠沿革詳誌》（雲林：雲林縣元子公張廖姓宗親會印製，1965 年 5 月），頁 27～29。

　　祭祀公業本爲維持祖先祭祀事宜而產生的家族團體，它的產生有一定的
要件，雖有合約字和鬮分字兩種，但其主要精神皆在追思祖先。在傳統的中
國社會裡，透過祭祀公業的運作使得祖先得以享祀，但時代久遠，原本支付
祭祀經費的獨立財產產生一些問題。其一，粵籍客系移民（張廖氏爲詔安客
家）經常在鬮分產權場合，特地保留部份土地作爲蒸嘗，成立祭祀公業，長
期累積下來，在客屬地區的土地經常有過半屬於「公業」，遠多於私人產權。
其二，在粵籍聚落，公業與共業經常難以清楚分隔。就性質而言，共業爲家
族房分共同持有，屬於私有產權。祭祀祖先和神明等田業，屬於公業。然而，
同屬於家族的大小公田業，經常被列爲「共業」。公業與共業的糾葛，顯示傳
統家族田業產權結構的複雜性，也造成族內些許的紛爭。那爲何客庄家族願
提撥田產作爲公共田業？一種說法是，這是延續原鄉傳統習俗而來。其次，
移民社會環境的族群競爭與緊張關係，引發客籍居民集體危機意識，乃至集
結財力，以待不時之需。客庄各種嘗會共業，平時既可提供族親耕作機會，
又並接濟困苦鄉親。客家村莊的共業，既有原鄉文化傳統，亦有配合臺灣生
存環境所累積的生活知識。其中，家族利用共同持有田業，定期舉辦集體祭
祀祖先儀式，維護祖籍和家族認同意識，從而避免均產分家之後，家族組織
解散的危機。張廖家族也因爲公業產權問題及管理者必須擔負重大責任，又
難以取信於族親，因此於民國五十年三月十八日改組爲財團法人，成立會員
代表制，用以監督執行祖先遺留下來的蒸嘗，並加以運用，以獎學金或是補
助金來照顧子孫。

第三章　昭穆制度

　　根據張光直《中國青銅時代》:「昭穆是周人的制度。其特徵為（一）照可靠的周代文獻的記載，昭穆制確實盛行於西周的初葉，但西周初葉以後至少還通行於中國的一部分。（二）昭穆制的骨幹是世代之輪流以昭穆為名，而某人或屬於昭世或屬於穆世，終生不變，如王季為昭，文王為穆，武王為昭，成王為穆。換言之，宗族之人分為昭穆兩大群，祖孫屬於同群，父子屬於異群。（三）昭穆制與宗法有關。大宗如果百世不遷，其昭穆世次亦永遠不變，但如小宗自大宗分出，則小宗之建立者稱太祖，其子為昭世之始，其孫為穆世之始。（四）昭穆制與祖廟之排列有關。太祖之廟居中，座北朝南，其南有祖廟兩列，「左昭右穆」；換言之，昭世祖先之廟在左，即在東列，穆世者在右即在西列。昭穆兩列祖廟之數有定，依宗族的政治地位而異。」〔註1〕以下我們逐一探討有關昭穆制度的種種。

第一節　何謂昭穆制度

一、昭穆制度起源

　　說明昭穆制度起源前，必須先說明原始社會婚姻的演變。在氏族之前有一個更早、更古老的組織，那就是以性為基礎的婚級制度。摩爾根在《古代社會》介紹 19 世紀澳大利亞卡米拉羅依部落，他們將人們分成八個婚級，一個男性婚級只能與一個女性婚級通婚，其中四個由男性組成，另四個由女性組成，如下:

〔註 1〕張光直:《中國青銅時代》（臺北:聯經出版事業公司，1991 年），頁 227。

甲類氏族　　　　　乙類氏族

慕裏（A 組男）　　布塔（A 組女）

瑪塔（A 組女）　　孔博（A 組男）

庫比（B 組男）　　伊帕塔（B 組女）

卡波塔（B 組女）　伊排（B 組男）

其中每類氏族內部有 A、B 兩個輩份，不同類氏族 A 組爲同輩，可通婚；B 組也都是同輩，可通婚。伊排只能與卡波塔結婚，孔博只能與瑪塔結婚，慕裏只能與布塔結婚，庫比只能與伊帕塔結婚。但又依照婚級制度規定，子女雖與母親同氏族，但又必須轉入與其父母不同的婚級。因此

男性	女性		男性	女性
伊排與卡波塔結婚	其子女屬於甲類氏族必須轉入		慕里與瑪塔婚級	
孔博與瑪塔結婚	其子女屬於甲類氏族必須轉入		庫比與卡波塔婚級	
慕裏與布塔結婚	其子女屬於乙類氏族必須轉入		伊排與伊帕塔婚級	
庫比與伊帕塔結婚	其子女屬於乙類氏族必須轉入		孔博與布塔婚級	

如此一來，子女與某一氏族的關係從婚配規則就能夠反映出來，每一個氏族都由兩位女性祖先的後裔組成。婚級組織的產生是要遏止兄弟、姐妹之間的通婚，後因世代不斷在同血統範圍內交互通婚，產生一些弊端，所以就漸漸擴大通婚範圍，如 19 世紀澳大利亞卡米拉羅依部落分爲六個氏族，以婚配角度則可區分爲兩組，可用甲、乙兩類來區分開，甲類氏族包含 1 鬣蜥氏族（杜利氏族）2 袋鼠氏族（穆里拉氏族）3 負鼠氏族（穆特氏族）和乙類氏族 4 鴯鶓氏族（狄囊氏族）5 袋狸氏族（比耳巴氏族）6 黑蛇氏族（努瑞氏族）。甲類氏族是不許互相通婚的，但卻能和乙類氏族中的任一氏族通婚；乙類氏族內的三個氏族也是不許互相通婚的，但卻能和甲類氏族氏族中的任一氏族通婚。符合氏族制度的主要特點，同一氏族不通婚，因此卡米拉羅依部落可說從婚組織度走向氏族組織。摩爾根舉了一個例子：在圖斯卡羅臘部落的公共墓地，凡是同一氏族的死者都葬在同一行墓地裏。……夫妻分葬而且異行；父親與其子女也不同葬同一行；但母親與其子女、兄弟姐妹卻葬在同一行。〔註2〕

　　圖騰集團因爲近親婚配產生許多子代的問題，再者生產量需求增加、狩獵範圍擴大，在過程中與其他圖騰集團接觸，因此，可能造成族群爲了某些

〔註2〕〔美〕路易斯·摩爾根著，劉峰譯：《古代社會》（北京：中國社會出版社，1999 年），頁 44～56。

目的與他族發生衝突或互相聯婚，使族群內婚配轉變爲族群外婚配，而形成完整意識的氏族社會，也同時形成兩合氏族婚姻聯盟。中國文獻資料記載「同姓不婚」也說明兩合氏族婚姻的現象。《左傳》僖公二十三年載鄭子產說：「男女同姓，其生不繁。」〔註3〕昭公元年載鄭子產說：「內官不及同姓，其生不殖，美先盡矣，則相生疾，君子是以惡之。故志曰：『買妾不知其姓則卜之。』違此二者，古之所愼也。」〔註4〕襄公二十八年說：「男女辨姓。」〔註5〕《國語・鄭語》載史伯說：「和實生物，同則不繼。……於是乎，先王聘於異姓。」〔註6〕《國語・晉語四》載司空季子說：「異姓則異德，異德則異類。異類雖近，男女相及，以生民也。同姓則同德，同德則同心，同心則同志，同志雖遠，男女不相及，畏黷敬也。黷則生怨，怨亂毓災，災毓滅性，是故娶妻避其同姓，畏亂災也。」〔註7〕《禮記・坊記》說：「娶妻不娶同姓，以厚別也。」〔註8〕《郊特牲》說：「取於異姓，所以附遠厚別也。」〔註9〕《左傳》宣公三年對異姓結婚的好處則大加贊賞，認爲這有利於後代的發展，曰：「姬、姞偶其子必蕃。」〔註10〕就以上文獻來看不難發現，「同姓不婚」這一制度一定是源於一個時代非常遙遠的習俗。因氏族社會的生活型態仍是遊牧狩獵，從事此工作的男子與母系關係漸漸疏遠，漸漸的男孩由本屬於舅舅體系轉換成進入父親體系，母系社會的型態也轉變成父系社會的型態。而婚姻制度從族內婚發展到族外婚，輩分的明確性就需被強調。「從前每個氏族僅由一個母系氏族成員組成，如今轉變爲兩個母系氏族成員組成，並且值得注意的是，相鄰輩分之間的界線開始成爲區分一格式族與另一個氏族的成員界線，相鄰輩分的男人（父親和兒子）屬於不同的母系氏族，而隔了一代的男子（祖父與孫子）則又屬於同一母系氏族。」〔註11〕每個氏族內男女各有兩個輩份，兩個

〔註3〕　《左傳》〈僖公二十三年〉（《十三經注疏》臺北：藝文印書館），頁252。
〔註4〕　同上註。〈昭公元年〉，頁707。
〔註5〕　同上註。〈襄公二十八年〉，頁654。
〔註6〕　易中天注譯：《新譯國語讀本》〈鄭語・史伯爲桓公論興衰〉（臺北：三民書局，2004年），頁413。
〔註7〕　同上註，〈晉語四・重耳婚媾懷嬴〉，頁276～277。
〔註8〕　姜義華注譯：《新譯禮記讀本》〈坊記〉（臺北：三民書局印行，2000年），頁733。
〔註9〕　同上註。〈郊特牲〉頁377。
〔註10〕　《左傳》〈宣公三年〉（《十三經注疏》臺北：藝文印書館），頁368。
〔註11〕　謝苗諾夫：《婚姻和家庭的起源》中譯本（北京：中國社會科學出版社，1983年），頁254。

氏族同輩異性才可以通婚，孩子的世系按母親的世系決定。這樣，第一代和第三代理論上是同輩關係。李衡眉認爲昭穆制度產生於此時，父輩稱「昭」，子輩稱「穆」，清楚的劃分相鄰輩分的男人，如此才可清楚說明昭穆制度之所以「別父子遠近」的眞正意涵。〔註12〕

　　至於昭穆制度始於何時？一般學者認爲昭穆制度爲周人的產物，但據張光直研究，商王世系中也存在著昭穆制。以下節錄張光直《中國青銅時代》一書針對商世系中存在的「乙丁制」與周朝昭穆制相似的論述。

> 「商王世系中商王廟號之分布可爲昭穆制度之證據的假說。……商
> 王的世系，除了早期神話性的一段以外，包括下舉的諸王：
> 上甲─匚乙─匚丙─匚丁─示壬─示癸─大乙─大丁、外丙、仲壬
> （相連的名字爲同一世代的王，所謂兄弟）─大甲─沃丁、大庚─
> 小甲、大戊、雍己─仲丁、外壬、戔甲─祖乙─祖辛、羌甲─祖丁、
> 南庚─虎甲、盤庚（遷安陽）、小辛、小乙─武丁─祖庚、祖甲─廩
> 辛、康丁─武乙─文武丁─帝乙─帝辛
> 由廟號在世系中的排列，我們可以把商王分爲下面的五組：
> 1. 甲、乙
> 2. 丁
> 3. 與甲、乙相結合而不與丁相結合的（同世或隔世）：戊、己
> 4. 僅與丁相結合的：丙、壬、癸
> 5. 與甲、乙、丁相自由結合的：庚、辛
> 以上五組更可以併成三群：乙組（甲、乙、戊、己）、丁組（丙、丁、
> 壬、癸）、與第三組或中立派（庚、辛）。我們假定商王的廟號是各
> 王生前與死後所屬的社會群的一種傳統的稱號，則明顯的可以看出
> 來，商的王室可以分爲兩個大支，而兩支輪流隔世執政。這種制度
> 姑稱之爲乙丁制，很顯然與周的昭穆制有若干密切相似之處；我覺
> 得這兩個名字實際上代表同一種制度。」

商代子姓的王族，至少可以分爲十個宗族，或其宗族可以分爲十組。其中以乙丁爲廟號的兩宗大概政治地位最高，政治實力最強。其餘諸宗，甲、戊、

─────────────

〔註12〕李衡眉：《論昭穆制度》（臺北：文津出版社，1992年9月），頁94。

己三支與乙相近，統稱爲乙組，而丙、壬、癸三支與丁相近，統稱爲丁組。庚、辛兩支則可稱爲「中立派」。（甲乙等稱，自然只代表儀式性的宗族類名，而各宗或另有專名）。乙宗的一個男子爲商王時，因婚姻與政治之間的關係的考慮，王乙多半不能娶丁宗的女子爲正式的配偶。王之親子的親母必須來自另一個在政治上地位較低的宗支，因此王之親子的政治地位或因之爲減低。但丁宗與王乙同代的兄弟，則沒有這種政治性的考慮，可以娶乙宗的女子爲妻，所生的子於是以乙丁二宗支爲父母，其地位乃較王乙的親子爲高。王乙死後，繼立爲王的，乃不是王乙之親子而是王乙在丁宗裏的外甥。王丁立後，再重複上述的手續，其繼嗣的王又來自乙宗。這種繼嗣法的規則性，有時爲種種因素所破壞，乃發生不規則的現象，但乙丁二組之分是始終維持的（同代則同組，異代則遷組）。質言之，從商王世系裏我們可以看到下述的現象：（一）商的王位在王室中政治力量最大的兩個宗支（乙丁及其「朋黨」之宗）之間交替；（二）王室的婚姻爲父系內婚制與父方交表婚制；（三）王位的傳遞，在兩代內由舅傳甥，在三代內由祖父傳孫。乙丁制是這樣一種繼嗣的制度。

　　商的「乙丁制」與周的昭穆制存在著相似性。

　　　　昭穆與乙丁之類似，除（上文）所列舉者外，尚可以下述諸點加以補充。其一、周人以十干爲名的尚多，爲金文所常見（見吳其昌：《金文世族譜》）。是以日干爲廟號，殷周相同。如廟號在商人有上述之意義，周人者當亦有類似之意義。

　　　　其二、若干周代系譜中以十干爲廟號的，其出現的世代順序與商相同。穆王時代的彔　二器，一曰『用作文且辛公保鼎　』，另一曰『用作文考乙公寶尊　』。是祖名辛，父名乙，與殷王世系中乙辛順序在世代上相同（如帝乙帝辛）。《史記齊世家》，太公子爲丁公，丁公子爲乙公，乙公子爲癸公。此中可注意的更有兩點：（1）廟號之十干在世代中出現的順序，即丁一乙一癸（丁組，夏商均然）之次，與殷王同。（2）如以太公爲太祖，則其子爲昭世而名丁公，丁公之子穆世而名乙公。……又《史記宋世家》，帝乙次世爲微子開及微仲，當爲丁世，即帝辛之世，微仲之子爲宋公，當爲乙世；宋公之子又當爲丁世，而其子確名丁公。宋制與殷制同不爲奇特，但齊制與殷同，則值得重視。

其三、不特宋齊之制與殷人相似，宗周亦不例外。殷制以甲日祭甲，乙日祭乙，上文已說明清楚。西周之祭禘先祖，因無卜辭爲證，其祭曆頗乏材料可循。是西周及東周初年王公祭祖先的日子，好像也有一定，而以乙丁二日爲多，好像乙日祭穆世的祖，丁日祭昭世的祖。〔註13〕

以上論述我們可推測殷商存在著昭穆制度，只是名稱有所不同，甚至早在原始社會即開始。原始社會中轉變成兩合氏族婚姻時，昭穆制度即已存在，爲的是區別父子之間的關係。《周禮‧小宗伯》：「小宗伯之職，掌建國之神位，右社稷，左宗廟……辨廟祧之昭穆。」鄭玄注：「自始祖之後，父曰昭，子曰穆。」〔註14〕又《周禮‧塚人》：「先王之葬居中，以昭穆爲左右。」〔註15〕指家族的輩分關係。《左傳‧僖公五年》：「大伯、虞仲，大王之詔也；大伯不從，是以不嗣。虢仲、虢叔，王季之穆也，爲文王卿士，勳在王室，藏於盟府。」〔註16〕太王、王季、文王、武王、成王依次爲父子相承。武王之前爲諸侯，「王」號爲追加，但世系一貫，昭穆上溯到太王。五世一組，故上推到太王。因此中國的昭穆制度，可說是來自原始社會，進入文明時代之後幾千年仍保存了這一古老的習俗。

二、昭穆制度的意義

古人爲什麼要用「昭穆」這兩個字來稱呼呢？《漢書‧韋玄成傳》顏師古注中有云：「昭穆者，父子易其號序也。昭，明也。穆，美也。」〔註17〕晉朝摯虞《決疑要注》曰：「凡昭穆，父南面，故曰昭。昭，明也。子北面，故曰穆。穆，順也。」〔註18〕又《五禮通考‧卷五十九》引宋人陸佃之說云：「昭穆者，父子之號。昭以明下爲義，穆以恭上爲義。」〔註19〕段玉裁《說文解字注》：「廟有昭穆，昭取陽明，穆取陰幽。」該就是由於東邊的序列比較陽

〔註13〕 張光直：《中國青銅時代》（臺北：聯經出版事業公司，1991 年），頁 227〜235。
〔註14〕 《周禮》〈小宗伯〉《十三經注疏》臺北：藝文印書館），頁 290。
〔註15〕 同上註，〈塚人〉，頁 334。
〔註16〕 《左傳》〈僖公五年〉《十三經注疏》臺北：藝文印書館），頁 207〜208。
〔註17〕 楊家駱主編：《新校本漢書并附編二種》（臺北市：鼎文，1978〜1979 年），頁 3119。
〔註18〕 （南朝‧宋）范曄撰，（唐）李賢等注，（民國）楊家駱主編：《新校本後漢書》（臺北：鼎文書局，1999 年 4 月，2 版 1 刷），〈祭祀志下〉注中所引，頁 3195。
〔註19〕 （清）秦蕙田著，秦蕙田、盧文弨、姚鼐等手校：《五禮通考》，卷 59，頁 7。

明，故稱爲昭，西邊的序列比較陰幽，故稱爲穆」〔註20〕。又於「穆」字下云：「凡言穆穆、於穆、昭穆，皆取幽微之義。」〔註21〕，據上所列可知，「昭」爲光明、明亮之意；「穆」有美好、順從、尊敬、幽微等義。

《周禮·春官·小宗伯》：「小宗伯之職，掌建國之神位，右社稷，左宗廟……辨廟祧之昭穆。」記載小宗伯職責之一爲「辨廟祧之昭穆」，鄭玄注：「自始祖之後，父曰昭，子曰穆。」〔註22〕此處「昭穆」二字連用已成一制度之專有名詞，是一種父子世系、宗族輩份之劃分制度。章景明於《殷周廟制論稿》中提出昭穆之制殆出於戰國末年，以當時儒者主張天子七廟，而周之世次，自文王以下，依序爲武王、成王、康王、昭王、穆王、共王；亦即需至共王即位時，方合七廟之數。故「昭穆」一詞可能是由昭王和穆王之號而來，以昭、穆二王之廟最近共王，且昭王、穆王爲父子，後人遂以「昭穆」爲區別父子世系之代稱。〔註23〕

昭穆制度爲嚴格區分相鄰輩分之間的界限而設，雖然父（昭）對子（穆）來說，有早晚的差別，但子（穆）對孫（昭）來說，亦有早晚的差別，到底孰早孰晚，是很難說清楚的。那麼，昭穆的本義究竟是什麼呢？學者李衡眉做了以下的論述：

昭穆當作「昭画」。段玉裁《說文解字注》云：「凡經傳所用穆字，皆假穆爲画」，是其證。昭，《說文》曰：「日明也。」段注云：「引申爲凡明之稱。」画，《說文》曰：「細文也。」段注云：「細文，文之細者，故字從畺爪。畺者，文也。爪者，際見之自。際者，壁隙也。爪之細者也。」爪，《廣雅釋詁》云：「裂也。」王念孫《廣雅疏證》引《方言》曰：「秦晉器破而未離謂之爪。」又引《素問》王冰注云：「爪，微裂也。」譯成今文，「画」就是一條極其細微的裂紋。顧名思義，「昭画」便是一條明晰而又細小的裂紋。這條明細的紋不是別的，正是「相鄰輩分之間的界限」。古人之所以要把這個界限叫做「画」，即細文，是因爲在父系氏族社會裡，強調的是父系的血緣關係，父子之間的界限不宜誇大。如果把他們之間的界限稱之爲鴻溝，就破壞了父子渾然一體

〔註20〕（漢）許慎撰，（清）段玉裁注：《說文解字注》（臺北：藝文印書館，1999年），頁306。

〔註21〕（漢）許慎撰，（清）段玉裁注：《說文解字注》，頁324下。

〔註22〕（漢）鄭玄注，（唐）賈公彥疏：《周禮注疏》（臺北：藝文印書館，1997年8月，初版13刷，《十三經注疏本》），頁290下。

〔註23〕章景明：《殷周廟制論稿》，（臺北：臺灣學生書局，1979年），頁92～93。

的形象，這是絕對不能允許的。另一方面，由於「氏族感情的力量」，又必須承認這個界限，並且要使這條細文清晰可見，洞若觀火，借以區分兩個母系氏族成員的身分。於是一個折衷的稱號便產生了，這就是「昭画」，即一條既明顯又細小的分界線。於此說明昭穆之間血緣關係的存在，但在氏族群體中又必須講求輩份，因此「昭穆」稱號便產生了。〔註24〕

《辭海》釋「昭穆」說：「古代宗廟的次序，始祖居中，雙數的世代，如二世、四世居左為『昭』，單數的世代，如三世、五世居右為『穆』，即所謂的『左昭右穆』。」〔註25〕

「昭穆制」是指內堂的歷代祖先輩份，依左昭右穆的世代排列，祖孫同置一方，左稱昭，右稱穆。《禮記・祭統》上云：「祭有昭穆，昭穆者，所以別父子、遠近、長幼、親疏之序而無亂也。是故，有事於大廟，則群昭穆咸在而不失倫，此謂親疏之殺也。」〔註26〕《漢書》記載：「父為昭，子為穆，孫復為昭，古之正禮也。」〔註27〕此種昭穆制使得尊卑親疏之等級，區分得十分明顯。昭穆既已成一制度之專有名詞，則將其解釋為左右、尊卑之代稱可也。

昭穆是我國獨特的一種排輩起名的文化習俗，指同族間、同輩者，名字中用同一字。昭穆這種中國傳承千年的重要取名形式，也是古代一種特別「禮」制，它延續到現代，並由此引出成語「論資排輩」。上下尊卑是昭穆的核心，這在祭祀活動中表現得最為明顯，古人在室內座次以東向為上，其次才是南向、北向和西向。祭祀時，子孫按這種規定排列行禮。

依照以上資料，我們可歸納出幾點昭穆的意義。其一「昭穆」被轉借為具有早晚意義，說明父子之間的前後關係。其二「昭穆」說明父子屬於不同氏族。摩爾根《古代社會》中的模組即可說明，兩合氏族婚姻中必須來自輩份相同，但分屬不同氏族的男女相互結合，此時所生下的子代，相對於其父親而稱為穆，其父親則為昭。明顯區分父子二人來自不同的氏族。因此可知說明父子屬於不同氏族是昭穆制度的根本意義。其三「昭穆」為宗法制度、

〔註24〕李衡眉：《論昭穆制度》第 4 章〈昭穆制度產生過程及其實質〉（臺北：文津出版社，1992 年 9 月），頁 97～102。

〔註25〕趙錫如主編：《辭海》（臺北縣：六統貿易股份有限公司，2003 年七月），頁 462。

〔註26〕姜義華注譯：《新譯禮記讀本》〈祭統〉（臺北：三民書局印行，2000 年），頁 678。

〔註27〕《漢書（下）》卷 43〈韋玄成傳〉（百衲本二十四史，臺北：臺灣商務印書館，1996 年），頁 909。

宗廟或墓地的輩次排列依據。其四「昭穆」指內堂的歷代祖先輩份，也就是祖先神主牌位的擺放位置。其五「昭穆」是排輩起名的文化習俗，指同族間、同輩者，名字中用同一字，通常紀錄於各家族中之族譜，即所謂的昭穆詩。綜合以上意義明顯可看出，「昭穆」最初具有區分父子二人來自不同氏族的功能，後來因輩份被強調，因此「昭穆」也兼備指出輩份先後的功能，後來因宗法制度、宗廟制度或喪葬制度的發展，「昭穆」輩份先後的意義更加被強調。

張廖一族秉承古制，自立一族。箴規第七崁：遷籍修譜天下一家。意即遷籍外出，姓張姓廖聽其自便，然必須修譜，庶幾知木之有本，知水之有源。其昭穆譜序源於永安公謂諸弟曰：「序譜將用於子侄，宜當對父請命矣」。諸弟曰：子侄輩該用元字為序，豈非有犯祖諱耶，父為張公廖媽之所生，嗣為曾祖之所立，父諱之序，豈輩指宗從友而起耶，若此則父為始祖乎。」永安公曰：「非也，祖考諱之元字即宗也，祖考姓為張公廖媽之親生，曾祖考為父立嗣者，祖考既逝，立父為之繼也，非父為始祖之義。」兄弟不敢決，同向父親請示，友來公曰：「永安所言是也」，祖龕元子太公書張公，太祖姓書廖媽，以下男書張公，女書張媽某氏為例，序譜二十代前二十字，三十世代後三十字，計五十代，祖祠堂號從此而出，各房序譜由此而出，各房序由此新生，原文如下：

前二十代序譜

宗友永元道，日大繼子心，為朝廷國士，良名萬世欽。

後三十代序譜

信能攻先德，作述照古今，本基源流遠。

詒謀正清深，克治祖家法，其慶式玉金。〔註28〕

根據《廖氏大宗譜》中記載康熙四十年至雍正年間（1701～1736 年）自官陂移民來台墾荒後更換序譜的武威安溪派、世崇公派、……等等昭穆詩如下圖〔註29〕：

〔註28〕廖丑：《西螺七崁與臺灣開拓史》（雲林縣：加隆文具印刷商行，1998 年），頁452。

〔註29〕廖德福：《廖氏大宗譜》（台中：慶榮製本所，1979 年 10 月初版），頁 105～106。

圖一：張廖氏昭穆詩（資料來源：《廖氏大宗譜》）

圖一：張廖氏昭穆詩（資料來源：《廖氏大宗譜》）

在族譜中訂下張廖各派下的昭穆，如此譜序一翻，從上循脈絡而下，條理分明，張廖氏族親可從中找尋自己的定位，既可慎終追遠，又不至於數典忘祖。

第二節　宗法制度

宗，本意爲祭祀祖先的廟；凡是參與同一宗廟祭祖的親屬成員，即爲同族的成員。而宗法，就是宗廟之法或是宗族之法，即分別宗族成員身分的方法，也就是以家族爲中心，按照血緣遠近區別嫡庶親疏的法則，強調「尊尊」（尊敬尊長）與「親親」（親近血緣接近的人）的精神。宗法制度則指在周代封建制度之下，依靠強烈的血緣關係加以聯繫（倫理），以加強政治上的穩定（秩序）。這種維繫血緣關係的制度，便稱之爲宗法制度。所以它是與繼承有關的制度，並且也是與祭祀祖先有關的制度。周代的宗法制度如下圖：

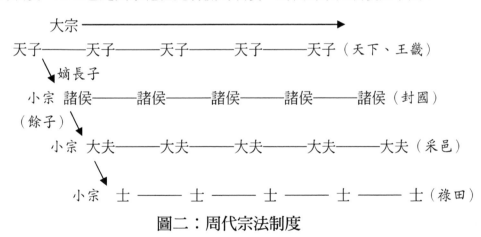

圖二：周代宗法制度

意即宗法制度中有所謂的大宗、小宗之分。大、小宗之分是相對的，所有的嫡長子在其國內均爲「大宗」，其餘者（非嫡長子）皆爲「小宗」。而當嫡長子面對其上一階層的貴族（如諸侯對國君），便成爲「小宗」。因此某一大宗可能同時具有大宗和小宗的身分。宗子具有特殊的權力，宗族成員必須尊奉宗子。再者嫡長子繼承制是宗法制度的核心。唯有嫡長子方有繼承君位或爵位的權力，不論其年長或賢能與否。故《公羊傳》有云：「立嫡以長不以賢，立子以貴不以長。」〔註30〕統治者爲了保持血親統治的純貴族血統，規定先王去世，由嫡長子繼位；如果沒有嫡長子，則從嫡妻從嫁之女弟所生之

〔註30〕《公羊傳》〈隱公元年〉（《十三經注疏》臺北：藝文印書館），頁11。

子補充；如果沒有這樣純貴族血統的母弟，只好從衆妾所生之子中擇年長者
當選，年齡相同的則選擇賢者，賢能相同的就由占卜來決定。由天命決定一
切的嫡庶身份後，代表一切繼承原則確定，將不會產生紛爭，便是指這種嫡
長子繼承制度。此種制度的適用對象爲天子、諸侯、大夫、士等貴族。

根據呂思勉在《中國制度史》中所歸納出來的宗法圖（見下圖），更進一
步顯示出大、小宗關係、繼承原則與祭祀關係。

圖三：呂思勉《中國制度史》之宗法圖

```
國君┌嗣君適長子－嗣君－嗣君－嗣君－嗣君－嗣君
    └別子大┌大宗宗子－大宗宗子－大宗宗子－大宗宗子－大宗宗子
      宗之祖└小宗宗子┌繼禰小宗－繼祖小宗－繼曾祖小宗－繼高祖小宗
                    └小宗宗子┌繼禰小宗－繼祖小宗－繼曾祖小宗
                            └小宗宗子┌繼禰小宗－繼祖小宗
                                    └小宗宗子┌繼禰小宗
                                            └小宗宗子
```

此表顯示出公子（亦即爲別子）不得禰先君，因而別爲一宗。再者此公
子始來此國者，後世子孫將其奉爲祖。同出一祖者，永聚居於一地，但奉一
始祖之正適可矣。惟其有遷居他處者，爲始祖之正適治理所不及，乃不得不
別立一人以長之。一摹治理之權，既不能一日無所寄。則此分司治理之人，
其統緒亦不容絕。於是五世則遷之小宗，不足以當之，而不得不別立一大宗。
也就是說所有的嫡長子在其國內均爲「大宗」，其餘者皆爲「小宗」。而當嫡
長子面對其上一階層的貴族，便成爲「小宗」。只有大宗才有繼承權與主祭權，
這也可以用來辨別後世子孫的親疏尊卑。〔註31〕

一、宗法與宗廟

宗法始於祭祖，宗法的成立始於祭祖。禮經中記載宗法的只有〈大傳〉
和〈喪服小記〉。〈大傳〉中僅言庶子不祭，就直接說到宗法；而〈喪服小記〉
則從宗法歸結到庶子不祭。由此可知，宗法與祭祖有密不可分的關係，宗法
依祭祖而立，祭祖風俗造就宗法，因此對於祭祖有相當多的規範：

〔註31〕呂思勉：《中國制度史》（上海：上海教育出版社，2005 年 4 月第二版），頁
　　　 217。

1. 祖宗祭祀之規定：強調「尊祖敬宗」，也就是尊重祖先，人人都要尊祖。所以從天子到卿大夫都有各自的宗廟設置，以祭祀自己的祖宗。宗子的宗廟內供奉著祖先，其餘支子則供奉其宗。《禮記》：「尊祖故敬宗；敬宗，尊祖之義也。」〔註32〕雖強調人人均要尊祖，但只實際上有「宗子」（嫡長子）才能進入宗廟祭祀列祖列宗，並擔任主祭，其餘的「支子」（其他諸子統稱之，或稱為庶子、別子）則為陪祭，不准私自進入，必須到各自的宗廟方得以擔任祭祀的主祭，以防止僭越的情形發生。

2. 制訂嚴謹的禮法：凡進行祭祀要依照規範，不論祭禮、祭品、祭儀、祭器……等等，均要按照合宜的禮制來進行。

3. 強調宗廟的功用：（封建與宗法崩解之前的情況）宗廟的主要功用是祭祖，但凡有關族人一生中重大的事件也要依禮法稟告祖先，如冠禮、婚禮、爵位的受命與就職等等。至於關係整個國家或族人命運的大事也要祭祖占卜，如外交儀式的舉行、軍事行動的誓師與凱旋等等。

　　宗法制度的施行有其不可磨滅的功能。宗子繼承的合法性，不但穩定了封建制度的運作，也減少宗族內種種的糾紛，層層疊疊既複雜又有序的關係，以宗子為中心，提綱則網絡清楚，達到尊尊的目的。另一方面，區別了所有成員的身分地位，人人謹守自己的份際，維繫倫理傳統，達到親親的目的。

二、宗法制度與昭穆制度

　　昭穆制度與宗法制度是我國古代兩項頗為重要的制度，為禮家所樂道。那昭穆制度與宗法制度之間有無關係？

　　就內容而言，昭穆制度體現在墓葬、宗廟和祭祀制度中，而宗法制度卻體現在繼承制度中。所謂昭穆制度，若指墓葬，便如《周禮・塚人》所云：「先王之葬居中，以昭穆為左右。」鄭玄注：「先王之造塋也，昭居左，穆居右，夾處東西。」〔註33〕若指宗廟，便如《禮記・王制》所言：「天子七廟，三昭三穆，與太祖之廟而七；諸侯五廟，二昭二穆，與太祖之廟而五；大夫三廟，一昭一穆，與太祖之廟而三。」若指合祭祖先之神位，便如《公羊傳・文公二年》何休注所說：「太祖東向，昭南向，穆北向，其餘孫從王父，父曰昭，子曰穆。」

〔註32〕姜義華注譯：《新譯禮記讀本》〈大傳〉（臺北：三民書局印行，2000 年），頁475。

〔註33〕《周禮》〈塚人〉（《十三經注疏》臺北：藝文印書館），頁 334。

〔註34〕或如《漢書・韋玄成傳》所說：「毀廟與未毀廟之主皆合食於太祖，父爲昭，子爲穆，孫復爲昭，古之正禮也。」〔註35〕若指祭祀時族人的排列位置，便如《禮記・祭統》所云：「夫祭有昭穆，昭穆者，所以別父子遠近，長幼親疏之序而無亂也。是故有事於太廟，則群昭群穆咸在而不失其倫。」〔註36〕又云：「凡賜爵，昭爲一，穆爲一；昭與昭齒，穆與穆齒。凡群有司皆以齒，此之謂長幼有序。」〔註37〕要之，所謂昭穆制度，系指古人祖先墓葬的次序、神位在宗廟中的班次和祭祀中族人位置的排列均須分爲「父昭子穆」兩列，父子異輩異行，祖孫異輩卻又同行。而關於宗法制度的理論，明確見於載籍的，爲《禮記・喪服小記》和《大傳》中所記的幾條，茲錄《大傳》所載如下：

> 別子爲祖，繼別爲宗，繼禰者爲小宗。有百世不遷之宗，有五世則
> 遷之宗。百世不遷者，別子之後也；宗其繼別子之所自出者，百世
> 不遷者也，宗其繼高祖者，五世則遷者也。〔註38〕

這段話和《儀禮》、《禮記》兩書中一些類似的話，構成了兩千年來禮家宗法理論的中心，其主要內容講的是大宗小宗間的關係及其他片斷情況。對於《禮記》所述的有關宗法古義，由來說者歧舌紛紜，迄無的詁。目前學界普遍界定的宗法制度，就是用「大宗」和「小宗」的層層區別，把奴隸主貴族聯繫起來。周王自稱爲「天子」，即上天的兒子，既是政治上的共主，又是天下的大宗。其王位由嫡長子繼承，世代保持大宗的地位；嫡長子的兄弟們則受封爲諸侯或卿大夫，對周王而言處於小宗的地位。諸侯在其封國內又爲大宗，其君位也由嫡長子繼承；嫡長子的兄弟們再分封爲卿大夫，又爲各封國的小宗，而卿大夫在其本宗族的各個分支中則又處於大宗的地位。

　　從以上的引述中可以看出，昭穆制度與宗法制度的基本內容是迥然不同的。昭穆制度體現在墓葬、宗廟和祭祀制度中，而宗法制度卻體現在繼承制度中。而《儀禮・喪服》中記載子對父服斬衰三年，父對長子服斬衰三年，眾子期。而孫對祖父服齊衰期，祖父對嫡孫服齊衰期，庶孫大功。喪服制度

〔註34〕《公羊傳》〈文公二年〉（《十三經注疏》臺北：藝文印書館），頁 165。
〔註35〕《漢書（下）》卷 43〈韋玄成傳〉（百衲本二十四史，臺北：臺灣商務印書館，1996 年），頁 909。
〔註36〕姜義華注譯：《新譯禮記讀本》〈祭統〉（臺北：三民書局印行，2000 年），頁 678。
〔註37〕同上註。頁 679。
〔註38〕姜義華注譯：《新譯禮記讀本》〈大傳〉（臺北：三民書局印行，2000 年），頁 475。

所表現的是血緣關係的差等。不難看出，昭穆制度反映的是父子有別，而強
調的是祖孫之親，正如《禮記・曲禮》所說。「君子抱孫不抱子，此言孫可以
爲王父尸，子不可以爲父尸。」〔註39〕《禮記・曾子問》也說：「祭成喪者必
有尸，尸必以孫。」〔註40〕而宗法制度和喪服制度所反映的則是父子之親，
是兄弟之道的大宗與小宗的關係，正如清人程瑤田在《宗法小記・宗法述》
中所說：「宗之道，兄道也。」〔註41〕這是由嫡長子制度的產生而決定的。

　　再說二者起源的不同。李衡眉先生在〈昭穆制度產生的過程及其實質〉
一文中，討論蘇聯學者謝苗諾夫關於「婚姻和家庭的起源」的理論，結合中
國古代存在著兩合氏族婚姻組織的史實，對周代的昭穆制度進行了分析後指
出：男孩由轉人舅舅集團改爲轉入父親集團，引起了兩合氏族組織結構的重
大變化，使相鄰輩分之間的界限開始成爲區分一個氏族與另一個氏族的成員
的界限。昭穆制度當產生於此時，並提出，周人昭穆制度產生的時間，大致
爲從棄到古公亶父這一歷史發展時期。〔註42〕

　　錢宗范先生在《周代宗法制度研究》一書中，提出了原始宗法制度的概
念，對宗法制度的起源和本質作了如下的表述：

> 宗法制度的原始形式，就是原始社會末期產生的以父權家長制大家
> 庭爲基礎的氏族和宗族組織的制度。……中國的原始宗法制度可能
> 形成于從原始社會向階級社會過渡的時期。西周春秋時代的宗法制
> 度是從原始宗法制度發展起來的。嫡長子繼承制的產主鞏固了宗法
> 制家族中族長的世襲統治和繼承的地位，同時又爲原始宗法制家族
> 中共財制度的破壞和正式的私有財產的出現開啓了先河，所以嫡長
> 子繼承制的確立是宗法制家族發達和鞏固的標誌，而不能把嫡長子
> 繼承制做爲判斷有無宗法制度的根據。〔註43〕

〔註39〕姜義華注譯：《新譯禮記讀本》〈曲禮上〉（臺北：三民書局印行，2000 年），
　　　　頁 32。
〔註40〕同上註。〈曾子問〉，頁 299。
〔註41〕資料來源：中國大百科智慧藏
　　　　http://72.14.235.104/search?q=cache:ND4v1WQ4QMMJ:wordpedia.pidc.org.tw/C
　　　　ontent.asp%3FID%3D53424+%E5%AE%97%E4%B9%8B%E9%81%93%EF%B
　　　　C%8C%E5%85%84%E9%81%93%E4%B9%9F%E3%80%82&hl=zh-TW&ct=cl
　　　　nk&cd=1&gl=tw。
〔註42〕李衡眉：《論昭穆制度》（臺北：文津出版社，1992 年 9 月，初版），頁 77。
〔註43〕錢宗範：《周代宗法制度研究》（桂林：廣西師範大學出版社，1989 年），頁 1
　　　　～20。

這裏我們不討論錢宗范先生關於原始宗法制度起源的理論是否可信，但它卻是迄今爲止所能見到關於宗法制度起源時間最早的新說。即令依錢氏所說，「中國的原始宗法制度可能形成于從原始社會向階級社會過渡的時期」，但這要比形成於從母系氏族社會向父系氏族社會過渡時期的昭穆制度在時間上要晚得多。

綜上所述，昭穆制度與宗法制度不僅內容各異，其產生的歷史原因和時間也大不相同。而更爲重要的是，其反映的實質亦大異其趣：一爲強調祖孫的親密關係，因爲當初他們同屬於一個母系氏族；並重在「別父子遠近」，因爲當初他們分屬於兩個不同的母系氏族。一爲強調父子的血緣關係；因爲兒子要以家族的繼承人資格繼承父親的地位和家族的財產，並以大宗統率小宗的原則世世代代傳下去；其表現在親等關係上，則父子爲一等親，祖孫爲二等親。

如以上論述所言，昭穆制度與宗法制度是如此不同，那兩者關係存在於何呢？兩者本身或許無直接的關聯，但在中華文化中另一重要的制度中卻可清楚的看出兩者重要的關聯。此重要制度即是宗廟制度。關於昭穆制度與宗廟制度的關係，前文在談昭穆制度的內容時，已有所涉及，即如《周禮》和《禮記》等文獻所載，祖先的廟位或神位是以太祖居中，父昭穆，或左昭右穆的次序而排列的。也就是《禮記·中庸》所說的，「宗廟之禮所以序昭穆也」〔註44〕。至於廟位或神位爲什麼要按照「父昭子穆」的順序排列，我們單從宗廟制度的研究中是找不出答案的，這得與周人的墓葬制度結合起來進行研究，方可以得出科學的結論。

古人墓次之分昭穆，即父子異列的現象，正反映了父子原來分屬兩個不同氏族的事實，因爲當初每個氏族都有自己的一處公共墓地。古人墓次的分昭分穆，再一次證明了父子之間的嚴格界限，並且由於「氏族感情的力量」，使二者死後的靈魂各自回到本氏族中去。我們從這裏找到了古人墓次之分昭穆的根本原因所在。

古人宗廟之有昭穆，正是墓葬分昭穆的再現。其原因是，最初對祖先的祭祀，當在墓地裏舉行，但由於氣候和地理環境諸多因素的制約，很不方便。後來隨著祖先崇拜觀念的日益強烈，索性仿照墓葬的形式而建立起宗廟來，

〔註44〕姜義華注譯：《新譯禮記讀本》〈中庸〉（臺北：三民書局印行，2000 年），頁748。

其舉行祭祀活動比在原先的墓地裏則方便多了。所以，每座廟宇實際就是一座墳墓，其不同僅是廟宇中供奉的是祖先的神位，而墳墓中埋葬的則是祖先的屍骨罷了。祭祀祖先的活動由原先在墓地其後改在宗廟裏舉行，這與宗廟由原來的「都宮別殿」制後來改爲「同堂異室」制的原因是一樣的，只是爲了方便而已。

　　宗法制度之與宗廟制度有關係是顯而易見的。因爲宗法的「宗」字，其原始意義就是和宗廟祭祀有關。《說文》：「宗，尊祖廟也。」段玉裁解釋說；「宗尊雙聲，按，當云尊也，祖廟也，……《大雅》：公屍來燕來宗，《傳》曰：宗，尊也，凡尊者謂之宗，尊之則曰宗之。《大雅》：君之宗之，《箋》云：宗，尊也。《禮記》：別子爲祖，繼別爲宗。繼禰者爲小宗，凡言大宗小宗皆謂同所出之兄弟所尊也。尊莫尊于祖廟，故謂之宗廟。宗從「宀」從「示」，「示」謂神也，「宀」謂屋也。」〔註 45〕段氏認爲先秦文獻上的宗字有「尊也，祖廟也」二義是正確的。如《國語·晉語五》說：「梁山崩，而以傳召伯宗。」〔註 46〕《穀梁傳》成公五年則說：「梁山崩，壅遏河三日不流，晉君召伯尊而問焉。」〔註 47〕伯宗作伯尊，是宗可稱尊又一例證。可見、宗字原用以稱祖廟，其本義則是尊。因此就有的學者認爲：「宗法制度與宗廟之制有緊密聯繫，或者可以說宗法制度是宗廟之制在新的條件下的發展。」有的學者則持相反的觀點，認爲：「說宗法制和宗廟之制有一定的聯繫是對的，因爲宗法制族長是利用祭祖的特權來加強自己的地位和統治的。但是，宗法制度的產生是由於社會經濟的原因，它本身不僅是一種上層建築，而且是一種經濟基礎，宗廟之制決不能產生宗法制度；相反，階級社會中宗廟之制的發展，追根究底也是由於物質關係發展的需要。不是宗法制度從宗廟之制而來，而是宗法制度下的族長、家長利用了早在父系氏族公社產生以前就出現的祖先崇拜，把它擴大成宗廟之制，來爲鞏固自己的家長權、族權服務。以宗廟之制來鞏固宗法統治，是宗法制發展到一定階段後的產物。」

　　綜匯前述可見，宗法制度與宗廟制度的關係是一種客觀存在，這從我們對宗字的解釋上可以得到證明。而昭穆制度與宗廟制度的關係，在於宗廟制

〔註 45〕　〔清〕段玉裁：《說文解字注》（臺北：藝文印書館，1999 年七版），頁 345～346。

〔註 46〕　易中天注譯：《新譯國語讀本》〈晉語五·車者論梁山崩〉（臺北：三民書局，2004 年），頁 320。

〔註 47〕　《穀梁傳》〈成公五年〉（《十三經注疏》臺北：藝文印書館），頁 1310。

度中的昭穆順序是墓葬制度在歷史進程中的代替物。中華文化中對於宗法制度和昭穆制度是非常注重的，兩者於宗廟制度中相對存在著「尊尊」和「尊親」的意義。因此宗法制度和昭穆制度都負有維持小自一家、大至一國、甚至全天下的秩序和倫常。不容我們忽視，因此綿延傳承至今。

第三節　崇遠堂之神主牌位擺放

　　崇遠堂之正門爲五開間立面，屋頂採斷簷生箭口形式，中央之間推縮形成凹壽，並以一對龍柱與石獅形成中央視覺焦點，中殿以三開間的軒廷拜殿結合主要的祭祀空間。關於崇遠堂的神主牌位擺放依筆者實際探訪，崇遠堂的神主牌位置於祠堂內正中，共計五大龕，中龕擺放始祖考妣牌位、始祖考妣牌位、始祖之子有來公考妣牌位，左右兩側各有兩龕。中間神龕除正中擺放張元子公、廖媽大娘牌位外，也放置其他張廖氏先人的牌位，並無依照中國傳統的昭穆制度順序擺放，目前神龕內除元子公牌位外，其餘空間因應崇遠堂經濟問題，三部份的神龕空間均開放給張廖姓、張姓及廖姓等宗親擺放祖先神主牌位。同時筆者更訪問育英會董事長得知：（一）考量後代子孫出外奮鬥，居住環境不宜或並無空間，（二）爲避免擺放處的糾紛，並增加祖廟的收入，神龕依照不等價格來開放，願意出高價者，可將先祖牌位置於中龕，兩旁的神龕價位則較低。當節慶或祭祖（非春秋二祭）鄉人自行前往祭祖時，如想開啓神龕門看一看祖先牌位，管理委員會亦會配合，方便鄉人追思。

圖四：左龕　　　　　圖五：右龕

（所有龕中的神主牌位均無按照左昭右穆的方式擺放）

一、神主牌位的產生

　　崇遠堂中龕裡正中擺放始祖牌位，神主牌位上書寫始祖考姓名諱。為何需要在祖廟神龕中放置神主牌位呢？我們先從神主一詞的由來說起。

　　何謂神主？章景明：「神主為我國自古以來用以代表祖先神靈之所依憑，受子孫祭享者。先秦典籍所記，但稱之約『主』。」〔註48〕此說簡明扼要。而蔡相煇、吳永猛：「在祖先亡故後一年忌日會將祖先生卒年月、誥贈榮銜、墳墓方位及奉祀者刻於長條形木牌上，在家宅奉祀，稱神主牌位。」〔註49〕《白虎通疏證·闕文·宗廟》言：「祭所以有主者何？言神無所依據，孝子以主繼心焉《論語》云：「魯哀公問主於宰我，宰我對曰：『夏后氏以松，松者所以自竦動，殷人以柏，柏者所以自迫促；周人以栗，栗者所以自戰慄，亦不相襲。』」〔註50〕陳立《白虎通疏證·闕文·宗廟》所言神主牌位是讓祖先靈魂有所依靠，不會漂泊流浪無所歸依，也讓孝子得以藉神主可以表達孝思。這是後代子孫對逝去的先人無限思念，藉此物以象徵先人所在，時時撫慰自己思親的心靈。

　　那神主制度從何時起？章景明藉卜辭得出結論，殷商時代的宗廟裡有神主制，但其制度則難以稽考。〔註51〕《論語·八佾》：「……宰我對曰：『夏后氏以松，殷人以柏，周人以栗。』……」〔註52〕從宰我的說詞中我們可窺知，夏商周時代的確有神主的存在，只是材質為何無從考證。因此神主制度早已存在中華文化之中。

　　余光弘在〈沒有祖產就沒有祖宗牌位〉中提出祖祠裡越古遠的祖先神主牌位越受到重視。

　　　　「神主」本來是神魂所憑依之處，故不論是在自家廳堂或祖祠中祭
　　　　祖，一定須有一個祖靈得以憑藉的地方，雖然在廳堂或祖祠中都同
　　　　樣使用神主牌做為祖靈長駐之所在，但實際上在家中牌位所著重的
　　　　是以家中成員有較親密關係的祖先，亦即是上一、二代的尊親；而

〔註48〕章景明：《殷周廟制論稿》（臺北：臺灣學生書局，1979年），頁111。
〔註49〕蔡相煇、吳永猛編著：《民間信仰》〈民間信仰行為與對象〉（臺北：國立空中大學，2001年初版），頁53。
〔註50〕陳立：《白虎通疏證》〈闕文·宗廟〉（北京：中華書局1997年10月北京第2次印刷），頁576。
〔註51〕同注199。章景明：《殷周廟制論稿》，頁120。
〔註52〕〔宋〕朱熹集注，〔宋〕趙順孫纂疏：《四書纂疏》（臺北：文史哲出版社，1986年），頁762。

在祖祠中著重的卻是一個宗族中全體共尊的始祖。家中牌位的祭拜
對祖先是由下往上追溯的，而祖祠中則走由上往下擴散的，故在前
言的情況中代數越高越容易被忽略，而後者則正相反。但不論是何
種情況下，放置祖宗牌位之處，即被視爲全體祖靈共同依棲之所，
個別神主的存廢，對其接受香火祭品的權利並無影響，因此在家中
的牌位沒有年代太遠的祖先的神主，以及在祖祠中最近世代的祖先
之未被列名，並非是一種剝奪或有意的忽略，而是兩種不同的奉祀
形式下自然產生的結果。〔註53〕

神主牌位的存在是代表著祖先神魂所在，中國人相信靈魂不滅，祖先靈魂永
遠存在於宇宙之間。人有三魂七魄，死後「魂昇于天，魄降于地，一魂在神
主，一魂在屍體，一魂在陰、陽間或西方淨土，魄則隨屍體埋入墓地而消失。」
〔註54〕靈魂會附著於神主牌位上。陰間猶如陽世，亡魂仍有食、衣、住、行
等日常生活所需，必須靠陽世子孫供應；恐後代子孫忘記奉養陰間祖先，故
有祖先牌位的設立。後代子孫將神主牌位供奉在家中或祠堂中，藉神主牌位
的存在，提醒後代子孫須慎終追遠，緬懷先人。除了這層意義外，神主牌位
也訴說著先人源於何處。通常在神主牌位的後方會書寫著歷代祖先來自何
處、名諱，讓傳承香火之子孫有所依歸。

目前於臺灣所見的牌位有三種：傳統式的神主牌，一位祖先或一對祖先
（夫婦）單獨一個牌位，屬直系血親、上溯數代的尊親。第二種是混合式的
公媽牌，是一塊大木板，表面書有歷代祖先名諱，背面可打開將歷代祖先的
名字、生辰、忌日書寫於上。第三種爲神龕式的公媽牌，日據時代受日本的
影響才出現，外形如小型神龕，表面書有「X姓歷代祖先牌位」，左下方寫「陽
世子孫奉祀」等字樣，背面可打開，內有許多小木片，上面寫者每位祖先的
名諱、生辰、忌日、諡號。〔註55〕

張廖宗祠崇遠堂亦顯示出始祖牌位備受重視，始祖夫妻單獨一個牌位，
置於中龕裡的正中，上溯始祖之考妣，則置於始祖牌位後方，亦奉祀於中龕
內，接受後代子孫的膜拜。

〔註53〕余光弘：〈沒有祖產就沒有祖宗牌位〉《中央研究院民族研究所集刊》第62期
（臺北：南港），頁127。
〔註54〕林川夫主編：〈臺灣人對死亡及魂魄的觀念〉《民俗臺灣》第七輯（臺北：武
陵出版社，1998年），頁57。
〔註55〕陳祥水：〈公媽牌的祭祀〉《中央研究院民族所集刊》第36期，頁144。

二、神主牌位的擺放

　　目前臺灣地區祖宗牌位的擺放有分爲：（一）在家中正廳中擺放：通常在家中供奉神明處的右側方擺設「神主位」。（二）在家廟或祠堂擺放：不論祠堂規模大小，唐山祖或開臺祖的牌位置於最高、最中處，餘者遵照傳統論其昭穆依序擺放。

　　崇遠堂內神龕有五，中龕除張元子公和廖媽大娘神主牌位置於正中位外，還放置了元子公考妣張天正夫婦和廖大娘考妣廖三九郎夫婦的牌位。其餘依照崇遠堂進主辦法，只要願意花些錢就能讓祖先牌位置於崇遠堂神龕內，由專人進行管理。其進主辦法（見下圖）爲：

（一）向祠堂管理員購買統一形式公媽牌一座，新台幣貳仟元整。

（二）進主中龕一座公媽牌，新臺幣壹萬貳仟元整，進主左右龕一座公媽牌，新臺幣捌仟元整，進主次左右龕一座公媽牌，新臺幣陸仟元整。

（三）本祠堂春季祭祖農曆正月十一日，秋季農曆九月九日。

圖六：崇遠堂進主辦法

資料來源：感謝廖耀興先生提供

至於整個中龕神主牌位的擺放如下圖所示：

圖七：崇遠堂中龕公媽牌擺放

	左9	左8	左7	左6	左5	左4	左3	左2	左1	正中堂	右1	右2	右3	右4	右5	右6	右7	右8	右9
一層	十世魯主公	世德友大公	世騺二公	九世益師晚公	八世荻軾大公	六世良琚大公	五世日祐三公	五世道昭公	四世元聽四公	廖三九郎公／根元乙公	四世元志三公	五世道定大公	六世享二公	七世大佐大公	八世維明三公	八世玉泉三公	世英遠大公	世建卿二公	
二層	十六世天統三公	十五世日進公	世憲之二公	十世賢樸公	十世朝珍四公	四世厚觀公	世有與三公	世國德三公	二世友來公／一世元子公		十一世為見四公	十一世寄海三公	十二世因垣三公	十二世顧可二公	十二世溫和大公	十三世天體四公	十三世廷療晚公	十三世華川公	十三世信和二公
三層	十六世肯新大公	十六世元昶公	十六世華盍三公	十六世良荗三公	十六世薜真公	十六世良乾五公	十六世福春公	十六世良蘇大公	三世永祖四公／三世永寧二公／三世永安大公／三世永傳三公		十五世士職三公	十五世榮捷大公	十五世仪護晚公	十五世昆大公	十五世士胆二公	十五世黃專公	十五世忠信晚公	十五世良灶公	
四層	十世惶泉二公	十七世宥廖公	十六世石泉三公	十七世德選公	十七世才皇公	十七世名火大公	十七世石皇公	十七世良送大公			十六世壬水六公	十六世玉蒔二公	十六世良閏二公	十六世良廼公	十六世信義三公	十六世文謝公	十六世顯豁公	十六世良灶公	
五層	十七世先來三公	世日貿公	十七世毫藏四公	十七世天來大公	十七世夜昀大公	十七世昌興大公	十七世湖玉大公	十七世昌佑大公			十七世輝煌公	十七世水曲公	十七世名凉大公	十七世名九大公	十七世石榜二公	十七世石札三公	十七世正大公	十七世名取三公	
六層								十七世英公			十七世昌淵五公	十七世名經三公	十七世東義大公	十七世昌九二公	十七世名室大公	十七世玉憲三公	十七世乙公	十七世水旺晚公	十七世正來三公
七層	十八世心碑二公	十八世貴芳大公	十八世鳳晴大公	十八世別大公	十八世心怗大公	十八世心福大公	十八世鳳房二公	十八世聖端公			十八世金算大公	十八世金把二公	十八世天福三公	十八世雄嘆大公	十八世萬款大公	十八世金永二公	十八世貴登二公	十八世貴茂二公	十八世心送大公
八層				十八世如水公	十八世貴莊四公	十八世貴祿大公	十八世俊惟晚公	十八世炳文大公			十八世貴英三公	十八世貴札二公	十八世萬極三公	十八世萬亮四公	十八世心義三公	十八世心龍三公	十八世文仝公	十八世貴鳴大公	十八世日大公

資料來源：感謝廖耀興先生提供

整個中龕共分三區、八層，正中堂擺放始祖之考妣牌位、始祖考妣與二世祖先考妣牌位並列、三世祖先考妣牌位。左右兩區第一層擺放四至十世祖先考妣牌位，第二層擺放十一至十五世祖先考妣牌位，第三層擺放十五至十

六世祖先考妣牌位，第四層擺放十六至十七世祖先考妣牌位，第五、六層擺放十七世祖先考妣牌位，第七、八層擺放十八世祖先考妣牌位。其擺放並無依照左昭右穆順序排列，而是越遠之祖先越近正中堂，由上而下一層一層依序排列。

　　神主牌位是祖先靈魂所依歸之處，在家廟中供奉著祖先牌位，讓祖先靈魂依附處有所安定，每逢祭祖時節，準備美酒佳餚，依照祭祀禮節，將子孫敬祖的心意傳達出來，傳承著各家族血脈相連、血濃於水的親情，讓中華文化特有的孝道精神於此表露無疑。

第四章　崇遠堂祭祖禮儀

「敬天尊祖」是中華民族的固有信仰，《荀子・禮論》云：「祭者，志意思慕之情也。忠信受敬之至矣，禮節文貌之盛矣。苟非聖人，莫之能知也。聖人明知之，士君子安行之，官人以爲守，百姓以成俗。其在君子以爲人道也，其在百姓以爲鬼事也。……卜筮視日，齋戒脩涂，几筵饋薦告祝，如或饗之。物取而皆祭之，如或嘗之。毋利舉爵，主人有尊，如或觴之。賓出，主人拜送；反易服，即位而哭，如或去之。哀夫敬夫，事死如事生，事亡如事存，狀乎無形影，然而成文。」〔註1〕荀子於此論到祭祖之時「事死如事生，事亡如事存」，在祭祖過程中子孫們侍奉祖先如其猶在世之時，需準備各式各樣的器具、食物，「几筵饋薦告祝，如或饗之。物取而皆祭之，如或嘗之。」以供祖先們蒞臨享用。

第一節　祭品

徐福全在《臺灣民間祭祀禮儀》中提到，凡禮需具有三要素，禮器、禮文、禮義。〔註2〕況祭禮爲五禮之首。此處所談之禮器是廣義的包含行禮時所須使用到的器物。它是具體、看得見的東西，就祭禮而言，古代所須使用的祭器有鼎、匕、俎、爵、尊、角、壺、籩、豆、簠、簋、敦等，而牛、羊、豬、腊、魚、黍、稷、稻、粱、酒、水等祭品也包含在內，甚至連參與祭祀者所穿的服裝也可以說是廣義的禮器。後世祭祀常見禮器，還包含金、香、

〔註1〕　王先謙：《荀子集解》〈禮論〉（臺北：藝文印書館，1973年9月），頁624～626。
〔註2〕　徐福全：《臺灣民間祭祀禮儀》（新竹市：臺灣省立新竹社會教育館，1996年再版），頁13。

燭、炮、全豬、全羊、五牲或三牲、菜肴、酒水、粿類等。

以下再針對祭品作一討論。根據徐福全《臺灣民間祭祀禮儀》〔註3〕將祭品分成：

一、宗教性祭品：包含金銀紙、香、燭、炮、杯筊。

二、牲醴：五牲、四牲、三牲、小三牲。

三、主食菜餚：菜飯、菜碗。

四、粿：包餡之粿、不包餡之粿、龜粿。

五、飲料：茶、酒。

總括來說，除了宗教性祭品外，其餘四項可歸類成飲食性祭品。

而崇遠堂祭祖時根據記載祭品如下〔註4〕：

鮮花、燭臺、淨爐、清茶、清酒、紅龜、三牲（豬肉、雞、魚）、五牲（豬前腿、雞、鴨、魚、蛋）、二五金、壽金、筷子、白飯、杯子、菜湯、三葷碗（肉乾、魚脯、魷魚絲、肉鬆……等三項）、三素碗（豆腐干、玉米、碗豆、筍干……等三項）、三碗餅（餅乾類）、五齋（金針、木耳、冬粉、豆炸品、香菇）、牧草、金紙、金山、銀山。

如依照徐福全先生的分類則可整理如下：

（1）宗教性祭品：鮮花、燭臺、淨爐、二五金、壽金、牧草、金紙、金山、銀山、筷子、杯子。

（2）牲禮：三牲（豬肉、雞、魚）、五牲（豬前腿、雞、鴨、魚、蛋）。

圖一：崇遠堂祭祖用五牲（豬前腿、雞、香腸、魷魚、蛋）

〔註3〕同上註。頁19～59。
〔註4〕崇遠堂育英會總幹事廖宗仁先生提供。

（3）主食菜餚：白飯、菜湯、三葷碗（肉乾、魚脯、魷魚絲、肉鬆⋯⋯
　　等三項）、三素碗（豆腐干、玉米、碗豆、筍干⋯⋯等三項）、三碗
　　餅（餅乾類）、五齋（金針、木耳、冬粉、豆炸品、香菇）、五果（五
　　種水果）。

（4）粿：紅龜。

（5）飲料：清茶、清酒。

圖二：崇遠堂祭祖時祭品（共有六付）

祭品包含：三牲（雞、豬、香腸）、三素碗（黑木耳、金針、
香菇）、三碗餅（花生糕、米香、餅乾）、五果
（鳳梨、蘋果、甜柿、梨子、柚子）、香爐、清
酒、茶、鮮花（後有補上鮮花）、蠟燭

　　祖先已仙逝，不知以何種型態存在，甚至是不存在的狀況，那後代子孫
如何表示出自己思慕先祖呢？「几筵饋薦告祝，如或饗之。物取而皆祭之，
如或嘗之。」、「事死如事生，事亡如事存」，即表示後代子孫以模擬的情境
來行祭祖之禮。也就是說後代子孫是藉著這些器物的陳列擺設，不管是器具
或是食物，都是具體可見，利用這些具體的東西將抽象的意念導引出來，使
行禮者及視禮者能從這些器物所架構出來的情境中，體會出行禮的功能或目
的。

　　崇遠堂是民間祠堂，為了追懷唐山祖而建，張廖元子公本無功名，又無
特殊加冕事蹟，因此在祭祖祭品部份並無特殊之項目。再者張廖氏本是從福
建省詔安地區遷居而來，因為居住地區貧瘠難以謀生，好不容易來臺開墾，
生活環境無法居高層次，經濟能力也未成氣候，因此在祭品上並不十分講究。

後代子孫僅依照日常生活中容易取得，一般民間普遍使用之祭品，用以祭祀祖先。因此崇遠堂雖是特殊的詔安客家後裔所建之祠堂，但因時代變遷及大環境的演變，客閩已幾乎無區別了。

以下就各式各樣祭品加以探究：

一、牲醴：

起源：《禮記·禮器》：「天地之祭，宗廟之事，父子之道，君臣之義，倫也。社稷山川之事、鬼神之祭，體也。喪祭之用、賓客之交，義也。羔豚而祭，百官皆足。大牢而祭，不必有餘。」〔註5〕祭祖祀神之時牲醴是所有祭品中最重要的一項，若缺牲醴，祭典便有不夠隆重之感。牲醴，古代稱爲「犧牲」，《周禮·牧人》：「凡祭祀，共其犧牲。」〔註6〕《周禮正義》：「祭牲必毛純體完，……凡賓客膳羞之牲得稱牲，牷而不得稱犧，明犧爲祭牲之專名。」〔註7〕又《周禮·庖人》：「庖人掌共六畜。」鄭玄注：「六畜，六牲也。始養之曰畜，將用之曰牲。」〔註8〕可見飼養時稱爲畜，宰殺爲祭品時稱爲牲，所以牲即家畜之供祭拜宴饗者。又據《禮記·郊特牲》：「郊特牲，而社稷大牢。」注解云：「郊者，祭天之名，用一牛，故曰特牲。」〔註9〕《國語·楚語下》：「大夫舉以特牲。」注解曰：「特牲，豕也。」〔註10〕由此可知特牲有全牛、全豬二解。從上述可知，古代所用的牲品有牛、羊、豬與家畜等，用牛的稱「太牢」，用羊稱「灶牢」，只用豬一種的稱爲「特牲」；太牢是天子國君之禮，少牢是大夫之禮，特牲爲士之禮。可知祭祀時所用犧牲必須有兩個條件，一是毛色純粹不含雜色；二是牲畜之體完整，以示敬重。邱德修〈客家牢禮考源〉中提到：「客家傳統禮儀依舊遵循商周古禮：大（太）牢即有牛、羊、豕三牲；少牢則有羊、豕二牲。由此

〔註5〕 姜義華注譯，黃俊郎校閱：《新譯禮記讀本》〈禮器〉（臺北：三民書局股份有限公司，2000年），頁347。

〔註6〕 《周禮》〈牧人〉（《十三經注疏》臺北：藝文印書館），頁195。

〔註7〕 孫詒讓：《周禮正義冊二》卷23〈牧人〉（臺北：臺灣中華書局，1968年6月，台二版），頁13。

〔註8〕 《周禮》〈庖人〉（《十三經注疏》臺北：藝文印書館），頁59。

〔註9〕 姜義華注譯，黃俊郎校閱：《新譯禮記讀本》〈郊特牲〉（臺北：三民書局股份有限公司，2000年），頁363。

〔註10〕 易中天注譯：《新譯國語讀本》〈楚語下·觀射父論祀牲〉（臺北：三民書局，2004年），頁454～457。

可見，客家牢禮原本源遠流長，宗祧商周，有本有源，有依有據者也。」〔註11〕

（一）意義：

　　人際關係有遠近親疏，至於對神秘的鬼神靈異，就人類的觀點而言亦有親疏遠近之分。自古我國對於鬼神靈異之事多心存敬畏，故「敬鬼神而遠之」是一般人對神靈所抱持的態度。由敬畏的程度與神格的高低，牲體的運用即出現不同的差異：牲體是否完整，代表對神靈敬仰程度的差異。「全」（完整一隻）表示最高敬仰，「不全」（用一半或切塊）則表敬仰程度稍減。「生」、「熟」則代表人與神靈間關係的遠近。「生」牲表示疏遠，「熟」牲則表示親近。因此牲體展現在各個祭祀神祇方面有極大的差異。就祭天而言：天是至高無上，民間對之崇敬萬分，故拜天公時須奉以生的全豬全羊。祭神明：就一般的神明，像媽祖、祖師公、帝君、王爺等，所奉祭品為雞、鴨、魚、豬肉等，雞、鴨、魚用整隻整條，豬肉則是用一大塊而已。象徵對次於天的神明，表示次一等的尊敬。牲品在祭拜前要加以烹煮，但不必完全煮熟，這些半生不熟的牲品表示民間與神明的關係比天更密切。祭祖方面：都用家中一般的熟食菜餚，所用雞、鴨、豬肉，都是切成一塊塊盛放在盤子中。在敬仰中隱含對祖先的親暱之情，表示關係更密切。祀鬼：祀鬼所用的祭品，處理上較敷衍，不一定要用牲體，若要使用牲體，也不須太講究，只需準備飯菜、水酒即可。在祭祀中，所準備的牛羊豬需「抱腳」（即將兩足屈膝，狀似伏跪），雞鴨則要將其雙翅反扳並將雙腳反塞腹內，有如古代犯人刑具加諸其身一般。民間將這種陳放方法稱為「彫五牲」、「彫雞鴨」，意在勸人莫為非作歹，否則犯法受刑即如供牲之慘。

　　（二）種類：

1. 五牲：指全豬或豬頭（用豬頭需附豬尾，象徵全豬之意）、雞、鴨、魚、蝦（可用豬肚、豬肝）。

　　擺法：豬為牲體之首，置於祭器之中為「中牲」，雞、鴨分置左右為「邊牲」，魚、蝦置邊牲之後稱「下牲」或「後牲」。

　　用途：五牲，在過去只用於祭拜玉皇大帝、三宮大帝等尊貴神明。現在，因社會變遷，經濟繁榮，民間視五牲為封神明的最高禮敬，也有在冠婚喪祭，還願或祭拜有身份地位者使用。

〔註11〕邱德修：〈客家牢禮考源〉《第二屆苗栗學學術研討會論文集》（苗栗縣：國立聯合大學，2007 年 1 月），頁 12。

2. 四牲：指豬肉一大塊、全雞、全鴨（或用鴨蛋）、海鮮一味（如蝦、蟳、蝦捲、乾魷魚等，酌用其一。）四種。

   擺法：一般以肉、雞居中，鴨與海鮮分別左右平排之。

   用途：用於喜慶、歲時祭祀或神誕，因「四」為雙數，故喪事忌用。再者，民間認為「四」與「死」同音，故使用較少。事實上根據古算經之解釋：零為虛數，壹是原數，貳是偶數，參是生數，肆是對數，伍是天數，陸是順數，柒是奇數，捌是卦數，玖是極數，拾是滿數，每一個數字都有其正面的意義，理應不須避忌，尤其是肆是對數是雙雙對對，更有吉祥之意在內。

3. 三牲：在五牲中任取三種，通常為豬肉一塊，全雞、全鴨（或魚）各一。

   擺法：以豬肉為中牲，餘二牲分置兩旁為邊牲，其擺法為左雞右魚（以面對神明為準），雞頭向前，至於魚或頭或尾各從其俗。

   用途：用以至廟中祭拜媽祖、王爺、土地公等生日之用；新墓完工謝后土時亦用三牲（隆重者用五牲）祭拜。

4. 小三牲：係三牲的簡化，一般以一小片豬肉，雞蛋和一條魚組成。除了豬肉外，其餘二牲也有以「麵干」與「豆干」替代。

   擺法：以豬肉為中牲，其餘二牲為邊牲。

   用途：用於消災解厄謝外方（指遊方亡魂）、犒勞神兵、神將，再者開戲前祭相公爺，乞丐排路祭均備小三牲。

5. 生牲：同三牲但未烹煮。

   擺法：以豬肉為中牲，其餘二牲為邊牲。

   用途：用於祭祀虎爺。

　　崇遠堂所用的牲禮，根據總幹事廖宗仁提供的紀錄單有三牲（豬肉、雞、魚）、五牲（豬前腿、雞、鴨、魚、蛋）。但是當天實際擺放的三牲為雞、豬、香腸，五牲為豬前腿、雞、香腸、魷魚、蛋。兩者有所差異，所有的牲禮中都沒有看見魚，可能因為魚須煎煮，負責採買者為男性，不方便處理，最後以魷魚取代。而記載中用五牲，五牲：指全豬或豬頭【用豬頭需附豬尾，象徵全豬之意】、雞、鴨、魚、蝦【可用豬肚、豬肝】三牲方面符合，沒有疑問。但五牲就有出入，全豬部分僅用豬前腿代表，並非使用一般認為象徵意義的豬頭加上豬尾巴，應是豬前腿在事後處理較易為人所接受吧！五牲在過去只

用於祭拜玉皇大帝、三宮大帝等尊貴神明。現在，因社會變遷，經濟繁榮，民間視五牲爲對神明的最高禮敬，因此也有運用在冠婚喪祭，還願或祭拜有身份地位者使用。所以崇遠堂所準備之牲禮展現出對祖先最崇高的敬意與追思。

　　至於烹飪方面，崇遠堂的牲禮準備皆爲熟食，或者是方便處理即可食用的物品，代表著後代子孫對祖先們敬仰中隱含對祖先的親暱之情，更表示子孫與祖先關係密切。

二、主食菜餚：一般指的是菜飯和菜碗

　　總幹事廖宗仁所提供的紀錄單上記載主食菜餚有：白飯、菜湯、三葷碗（肉乾、魚脯、魷魚絲、肉鬆……等三項）、三素碗（豆腐干、玉米、碗豆、筍干……等三項）、三碗餅（餅乾類）、五齋（金針、木耳、冬粉、豆炸品、香菇）等。而當天筆者所見的主食菜餚爲：白飯、三素碗、三葷碗、麵條、黑木耳、金針、香菇、花生粍、米香、餅乾。

圖三：崇遠堂準備之菜飯

（一）菜飯：俗稱五味碗，用來祭祀祖先或
　　　　　孤魂野鬼（即好兄弟）。

　　祭祖時菜飯的內容與家常菜餚相同而較豐盛。一般均用切盤的雞、鴨、豬肉、魚，加上烹調的菜餚，合成十或十二道，再供上主食米飯或麵條均可。

　　崇遠堂準備之菜飯包含：白飯一碗、二葷碗、二素碗、菜湯一碗（均經過烹調）。（如上圖）與記載單上稍有出入。

（二）菜碗：即乾料，係指十二種素菜，如香菇、金針、豆皮、木耳、紅豆、
　　　　　花生、海帶、豆干、松茸、芋頭、麵筋、素雞等。

　　崇遠堂準備之菜碗包含：黑木耳、金針、香菇、炸麵、麵線（五齋）；花生粍、米香、餅乾（三碗餅）等，符合祭祖所需。

三、粿

　　本省民俗，每逢祀神、祭祖、喜度、喪葬，大都準備各種粿，作爲供品

或禮物。粿的種類繁多，其造型或名稱寓有吉祥之義，故多爲民眾所用。今以包餡與否作爲區分：

（一）包餡之粿：又可分爲鹹粿類的菜包粿、鼠殼粿（草仔粿）；甜粿類的圈形粿、彝形粿、桃形粿、壽桃。

（二）不包餡之粿：則有甜粿（年糕）、發粿、菜頭粿、芋粿、丁仔粿。

（三）龜粿：葛洪《抱朴子》曰：「有生必有死，而龜長存焉。」龜有靈驗和吉祥長壽的象徵。人類均有求吉求壽的心理，所以我們的祖先自古就用龜爲犧牲。但是，時至今日活龜求之不易，故漸發展出替代品——龜狀食品。今民間因祭祀對象與節令之異，而有紅龜粿、豐聘龜、麵龜、麵線龜、米糕龜等。

崇遠堂準備之粿爲紅龜粿，僅一盤六塊，並非如記載所言共七盤四十二塊。應是簡約的關係，所準備之數並無記載單上的數量。

四、飲料

（一）茶

我國自古即以茶爲敬神禮佛之物，對神佛表達崇仰之心。敬茶時，以小茶杯盛茶水供奉神佛、祖先。以三杯爲主，也有一杯或數杯不等者。茶的起源根據陸羽（733～804）《茶經》：「茶之爲飲，發乎神農氏。」〔註12〕可知：茶的起源始於神農氏本做爲解毒之醫藥，以後才轉爲解渴之用。以熱茶來供奉神明或祖先等，一般供三小杯，也有只供乾茶葉，常年不撤供。茶能清心、陶情、去雜，因此自古人們就將茶視爲「神」物，並認爲供茶敬神是至爲虔誠的表現。

崇遠堂祭祖之際備有清茶，每桌均有熱茶三杯。

（二）酒

在中華民族悠久歷史的長河中，很多事物都走在世界的前列，酒也是一樣，我國酒的歷史，可以上到上古時期。其中《史記·殷本紀》關於紂王：「以酒爲池，懸肉爲林」，「爲長夜之飲」〔註13〕的記載，以及《詩經》中：「十月

〔註12〕〔唐〕陸羽：《陸羽全集》〈茶經卷下六之飲〉（桃園縣：茶學文學出版社，1985年），頁16。
〔註13〕〔漢〕司馬遷撰，會合三家注：《新校史記三家注（一）》〈周本紀〉（臺北：世界書局，2004年12月，六版二刷），頁105。

獲稻，爲此春酒，以介眉壽」〔註 14〕的詩句等，都表明我國酒之興起，已有五千年的歷史了。《神農本草》中言明酒的性味，可知：酒始於神農之時。至殷周時代，酒已漸成民間普遍之佳珍。自帝王以至庶人，莫不以酒爲歡宴、節慶之需〔註 15〕。所以，《禮記‧樂記》云：「故酒食者，所以合歡也。」〔註16〕而古代的酒可分爲醴、酪、醪、鬯。至於現代的酒種類繁多，可分爲三種：發酵酒、蒸餾酒、合成酒等。在祭祀之時敬酒有其相關的細節：

1. 拜神，都以三杯爲主，代表天、地、人三才；或說拜五牲用五杯，拜三牲則用三杯。

2. 祭祖，有五杯、七杯、九杯、十一杯之分，是合眾先祖與天將天兵一齊享祀。

3. 祭鬼神，用五杯、七杯、十杯或更多，係請各方「好兄弟」齊來宴饗。

起初酒並不是敬神祭祖的供品，因前人恐其污濁，更因酒能亂性，故初時敬神忌用酒。但是，今日的民間祭典，凡備有牲品之祭，都要用酒祭拜。

崇遠堂祭祖所準備之酒並無特殊講究，僅是目前民間普遍使用之米酒。中龕前神案擺有五杯，其餘祭祖桌上擺放三杯。

除了上述的飲食性祭品外，崇遠堂祭祖之祭品還有所謂的五果，根據民間道教拜神用品中提到用水果祭拜情形分爲：

1. 三果：以三種不同類的水果，如鳳梨、水梨、橘子。〔一般拜拜、祭祀〕

2. 四果：指的是四時（春、夏、秋、冬）之應時水果，而非四種水果。祭拜時選擇當季水果數樣祭拜即可。祭神時，水果種類以一種或三、五種爲宜，取單數爲要（單數爲陽數）。

3. 五果：柑、橘、香蕉、甘蔗、蘋果合稱五果，一般在供奉天公時使用。另外，香蕉、李子、鳳梨、米糕、生仁也稱五果，分別代表招、你、來、高、昇之意。〔註 17〕

〔註 14〕鄭玄箋注：《毛詩鄭箋》〈豳風‧七月〉（臺北：學海出版社，2001 年，再版），頁 62。

〔註 15〕徐福全：《臺灣民間祭祀禮儀》（新竹市：臺灣省立新竹社會教育館，1996 年再版），頁 61。

〔註 16〕姜義華注譯，黃俊郎校閱：《新譯禮記讀本》〈樂記〉（臺北：三民書局股份有限公司，2000 年），頁 526。

〔註 17〕資料來源：道教全球資訊網
http://www.twtaoism.net/php/4-6show.php?teaching_id=83。

　　崇遠堂用五果來祭祖，本應是採四果（春、夏、秋、冬之應時水果），但因爲取單數而採五之數，以表隆重。

　　崇遠堂祭祖儀式中所準備的飲食性祭品，大抵符合一般民間道教祭祀祖先所需籌備的項目，但小部份有所不同，如菜飯、紅龜粿數量減少以及四果或五果的使用。可能目前負責準備人員對此沒有深入了解，僅依照慣例或是因應目前社會風氣便宜行事，因此造成些許差異。不過大致上參與祭祖大典之張廖後代子孫仍是心存先祖德澤，能力範圍內仍會想要彰顯其孝敬之心。

　　除了上述飲食性祭品外，另一不可或缺的是功能性祭品。如下討論：

一、金銀紙

　　金銀紙即是一般民間所說的冥紙或紙錢。關於金銀紙的起源，有種種說法：

（一）唐代《文宗備問》以爲紙錢乃始於魏晉南北朝時，南齊廢帝好鬼神，剪紙爲錢用來陪葬。出自《愛日齊叢鈔》：「南齊廢帝好鬼神，常剪紙爲錢，以代束帛，而有紙錢。」以爲紙錢乃始於魏晉南北朝之南齊廢帝東昏侯，因爲對鬼神之術相當著迷，因此剪紙爲錢用來陪葬，因而剪紙爲錢，以代束帛。〔註18〕

（二）《舊唐書‧王嶼傳》記載：「嶼專以祀事希倖，每行祠禱，或焚紙錢，禱祈福祐，近於巫覡，由是過承恩遇。」〔註19〕

（三）唐朝李世民經過長平時，想起戰國時代白起曾在此處坑殺趙卒四十萬人，也想起自己爭戰數十年，多少生命斷送沙場，爲了哀悼四十萬的冤魂，就命人燒紙錢以慰死者，因此唐朝始裁紙爲錢，以供鬼神。〔註20〕

（四）係漢代蔡倫爲促銷其紙張，與其妻合計，由他詐死，再由其妻在其靈前焚紙，待七日後蔡倫復活，就說是因焚化紙錢之功，從此即盛行焚燒紙錢。〔註21〕

〔註18〕 http://librarywork.taiwanschoolnet.org/cyberfair2007/maioli/story_main.htm。

〔註19〕《舊唐書》〈王嶼傳〉（《舊唐書附索引》臺北：鼎文書局，2000 年 12 月 9 版，3617 頁），卷 130。

〔註20〕 林川夫：《民俗臺灣》第七輯（臺北：武陵出版社，1998 年八月），頁 41。

〔註21〕 徐福全：《臺灣民間祭祀禮儀》（新竹市：臺灣省立新竹社會教育館，1996 年再版），頁 63。

（五）金銀紙由來是始於唐太宗。唐太宗遊地府時，遇見其打天下時所殺之冤魂，逼迫太宗施捨，否則要太宗償命，太宗身無分文，幸有一開封府民林良，樂善好施，常濟貧助僧，受恩之僧侶，常以林良之名焚燒紙箔，儲存陰府銀庫，太宗乃寫一借據，向陰司借林氏之金銀一庫房，分發眾鬼，太宗還魂後，即遣人將所借銀錢歸還林良，於是，後人遂相信焚燒金銀紙可以幫助死人。〔註22〕

呂子振先生認為：漢殷長開始以紙錢代替帛。唐王嶼將紙錢用於祠祭。而五代之時，文設紙銀。

> 問祭祀用紙者何，曰古者祭祀。只焚幣帛。及祝文而已。至漢殷長始以紙代帛。唐王嶼乃用於祠祭。五代時。文設紙銀。以為美觀。夫以紙造為錢銀。亦是明祭用以代帛。似亦無害。俗謂可為幽冥之資。〔註23〕

《周禮》職金一官提到：「旅于上帝，則共其金版」，其他的文獻資料亦有「金版」的敘述，可知我國古代確有「金版」存在。

唐人唐臨的《冥報記》，描述了不少隋末紙錢獻祭的情形，其中以〈睦仁蒨〉、〈李山龍〉、〈王璹〉的故事最具代表性。睦仁蒨的故事中提到：文本（邯鄲令岑之象之子）將設食，仁蒨請有金帛以贈之，文本問是何等物，蒨云：鬼所用物皆與人異，唯黃金與絹為得通用，然亦不如假者。以黃色塗大錫作金，以紙為絹帛最為貴上。文本如言作之，及景（成景，冥吏）食畢，令從騎更代坐食，文本以所作金銀絲絹焚之，景深喜。李山龍的故事中則描述被冥間收錄的李山龍，因生前誦法華經而得以釋返。回陽後，李氏將許諾給勾魂冥吏的財物焚祭：「以紙錢、束帛並酒食，自於水邊燒之。」王璹的故事則是：王璹曾被拘至陰間，得釋後冥吏向他索取千錢，且言明：「吾不用銅錢，欲得白紙錢。」從三則故事可看出祭拜時焚燒紙錢的習俗應在隋代之前即已存在。〔註24〕

金銀紙〔註25〕的種類頗多，茲將常見的敘述如下：

〔註22〕同上註，頁20。
〔註23〕呂子振：《家禮大成》（台南：西北出版社，1975年7月出版），頁239～240。
〔註24〕同註220，《臺灣民間祭祀禮儀》頁21～24。
〔註25〕金銀紙類，係指金紙、銀紙、紙錢等的總稱。依其製品的大小，切做方形，從二、三寸到四、五寸不等，中央粘貼金銀箔。粘貼金箔的稱「金紙」，用於供拜神明；粘貼銀箔的稱「銀紙」，用於祭拜祖先和其他亡魂。

1、金紙：金紙因所祭拜的神明的職位、等級不同，又可分爲頂級金、太極金、天金、壽金、福金、中金、划金、盆金、九金等，多用於祭拜神佛。

2、銀紙：銀紙是祭祖先、祭幽鬼孤魂與喪葬時使用。基本上分爲大銀、小銀二種，但因地域之異，又有下列之分：

（1）大銀：在北部，有大箔、小箔之分；南部則分爲大箔、中箔、小箔三種。大銀，是用於先祖忌辰、喪葬、祭拜其他陰鬼時焚化之。

（2）小銀：又稱銀仔。在北部又分大箔、小箔二種；南部分爲大透、二透、中透三種。在普渡、祭拜先祖及陰鬼時使用。

3、紙錢及其他：紙錢又名楮錢、楮鏹。楮是古時製紙的原料，鏹則指貫錢之索。故知紙錢是仿人間的貨幣，來祭拜鬼神。其種類有金白錢、庫錢、高錢、五色紙、床母衣、經衣、改運眞經、替身、甲馬與往生錢。

列表如下以供參考。

表一：金銀紙種類及其用途

種　類	名　稱	用　　　途
金紙	頂級金	祭拜玉皇上帝
	太極金	祭拜玉皇上帝、三官大帝
	天金	同「太極金」，平時可用於改運
	壽金	用於一般神明或祈求許願
	福金	用於福德正神、諸神
	中金	用於「謝外方」，與山水郊野有關之神祇
	刈金	用於一般神祇
	盆金	用於謝神時（多半敬獻玉皇大帝）
	九金	用於一般神祇
銀紙	大銀	用於祖先、喪葬、其他陰鬼
	小銀	用於普度、眾鬼
紙錢	金白錢	用於眾神部將，也可當壓墓紙，亦可用於犒軍
	庫錢	納入棺木中或焚化之供死者在冥界使用
	高錢	祭鬼、做功德、行喪懸掛
	五色錢	用於壓墓
	床母衣	用於床母、註生娘娘、十二婆祖、七娘媽
	經衣	用於「好兄弟」
	改運真經	用於大眾爺、諸府王爺
	替身	用於鬼
	甲馬	用於送神，迎神，犒賞天將、天兵
	往生錢	用於喪事、佛教的祭拜

　　崇遠堂祭祖之際所使用的金銀紙種類於紀錄單上有金紙適量和金、銀山各一。實際使用大辨金、壽金、大銀及由金箔黏製而成的金山和銀箔黏製而成的銀山（如下圖），象徵無數的錢財，供張廖氏祖先運用。

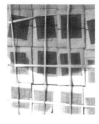    

　大辨金　　　　　壽金　　　　　大銀　　　　　金山　　　　　銀山

圖四：崇遠堂祭祖用之金銀紙

二、香

香可以說是人神之間的溝通工具。劉曄原、鄭惠堅認爲，祭祀一定要營造氣氛，「其中一直流傳到今的兩項營造祭祀氣氛的活動是燃燭和焚香」〔註26〕。趙翼《陔餘叢考》：「趙彥衛《雲麓漫抄》謂古無燒香之事。」〔註27〕，《禮記·郊特牲》亦提到：「周人尚臭……蕭合黍稷，臭陽達於牆屋，故既奠，然後焫蕭合羶薌。」鄭《註》：「蕭，薌蒿也，燃以脂合黍稷燒之。《詩》云：『取蕭祭脂』羶當爲馨，聲之誤也。奠或爲薦。」〔註28〕《尚書》：「至治馨香，感於神明。」〔註29〕可知藉輕煙、明火、馨香冉冉上升，使神明循香而至，達到人們的祝禱、祈福直通神明之目的。

關於焚香之舉的起源，清俞樾《曲園雜纂》所述：「《禮記·郊特牲》云：『周人尚臭……蕭合黍稷，臭陽達於牆屋，故既奠，然後焫蕭合羶薌。』鄭《註》：「蕭，薌蒿也，染以脂合黍稷燒之。《詩》云：『取蕭祭脂』，羶當爲馨，聲之誤也。奠或爲薦。然則焫蕭合馨香，即燒香之權輿。後世焚香以降神，自是周人尚臭之遺意。」由上述可知，焚香係始於周人之焫蕭艾、焚薪材以設奠祭天。〔註30〕

至於香的種類：依照用途、外形、顏色可以分成以下幾種：

（一）線香：

1. 束仔香：有一尺五分、一尺一寸、一尺二寸、一尺三寸，一尺四寸和一尺六寸等數種，其一束爲半斤，即香鋪所稱之束仔香，是個人祭拜所用。

2. 貢香：有二尺、二尺二寸，其一束爲一斤，多爲寺廟祭祀神明所用。近年所製貢香形狀皆很粗，燃燒時間較長，便於隨香之用。守靈期間，爲延長燃燒時間，象徵香火延續不斷，也使用貢香。

〔註26〕劉曄原、鄭惠堅：《中國古代祭祀》（臺北：臺灣商務印書館股份有限公司，2001 年 6 月），頁 21。

〔註27〕〔清〕趙翼：《陔餘叢考》卷 23（臺北：華世出版社，107 年 10 月初版，369 頁），頁 4。

〔註28〕《禮記》卷 26〈郊特牲〉（《十三經注疏本》507 頁），頁 21。

〔註29〕《尚書》卷 18〈周書〉（《十三經注疏本》273～274 頁），頁 1～2。

〔註30〕徐福全：《臺灣民間祭祀禮儀》（新竹市：臺灣省立新竹社會教育館，1996 年再版），頁 35。

（二）香環：又名盤香。其形狀像回字形圓圈，由外繞到內，每圈之間或綁小紅線防折斷，是為了延長燃燒時間來象徵「生生不滅，循環不息」。

（三）香塔：有「驅邪治病」之意。

（四）香珠：可佩帶在手上，能夠驅邪避煞。

（五）五彩香、香水香與涼香：此三者是現代民俗產物，係將傳統的線香加以變化。

　　使用焚香進行祭拜時，一般神明點三枝香，祖先則點二枝，鬼魂用一枝香。先點燃，再祭拜。祭拜時雙手恭持清香（右手持香，左手包在右手外），先放在心口前再恭敬上下拜三次即可，上下祭拜時，上不可超過眉毛，下不可以低於肚臍，即臺諺所謂「頂無過眉，下無過臍。」否則被視為無禮。

　　崇遠堂祭祖所使用的香有：

圖五：參與祭典者人手一柱線香

1. 線香之束仔香：司儀宣佈祭典開始後，參與祭典者人手一柱清香。所持之香為線香。（如右圖）並插於各香爐之中。

2. 線香之貢香：插於各神龕前案桌上之香爐，使得整個祭祖過程中均有香火存在，綿延不絕。

3. 香環：懸掛於中龕樑上，象徵「生生不滅，循環不息」張廖子孫傳承萬世。

　　崇遠堂祭祖之際裊裊香煙環繞，傳遞出祭拜者虔敬的心思。藉著煙霧緩緩上升、綿延不斷，訴說著後代子孫祈求祖先保佑，能使張廖一族代代相傳，也感恩著祖先庇祐，使得子孫福德綿延。

三、燭

　　燭火產生光與熱，是光明、溫暖的象徵，當面對熊熊烈火時，人們容易產生積極與希望的感受。人類文明自從隧人氏發現火就往前躍進一大步。人類心理上不再恐懼黑暗、不再畏懼寒冷、不再懼怕猛獸。因此中國一些神話故事即記載了火對人類的重要：

> 昭王問於觀射父，……對曰：「非此之謂也。古者民神不雜。……及
> 少皞之衰也，九黎亂德，民神雜糅，不可方物。夫人作享，家爲巫
> 史，無有要質。民匱於祀，而不知其福。蒸享無度，民神同位。民
> 瀆其盟，無有嚴威。神狎民則，不蠲其爲。嘉生不降，無物以享。
> 禍災薦臻，莫盡其氣。顓頊受之，乃命南正重司天以屬神，命火正
> 黎司地以屬民，使復舊常，無相侵瀆，是謂絕地天通。」〔註31〕

可知少皞勢力衰弱之時，人神間出現紊亂，人對神不尊敬，神對祭品也不要
求，正所謂人不人，神不神的。直到顓頊受命，眾神才各安其位。顓頊命南
司正重主管天，命火正黎主管地，使人與神恢復常位，互不侵犯，也就是斷
絕天與地之間的交通。其中提及火屬民，更使民之生活復舊常。可知火是民
間重要的寶物，以寶貴之物獻給至高無上的眾神在適合不過了，因此在祭典
中燃起熊熊烈火，照亮祭壇，歡迎神靈降臨，彷彿是理所當然。

《儀禮·燕禮》：「甸人執大燭于庭。」鄭玄《注》：「燭，燋也。甸人掌
共薪蒸者，庭大燭，爲位廣也。」〔註32〕

燋，「火炬，用束葦爲之，燃之存火，以備燃契，契燃以灼龜。」〔註33〕
甸人的職責在於掌供給寢廟之堂下燭火以照明。在周朝，以燭火照明廟堂被
視爲極重要之事，因此授予官職掌管。因此燭用於廟堂起源甚早，在周朝已
有明文記載。

祭祀用蠟燭以重量爲計算單位，故有斤、兩之分。輕者五六兩，重者百
餘斤。輕者，以十支盒裝，重者則成對，有的大到如柱子般粗。一般祭祀所
用的蠟燭爲數兩至數斤皆有，而用於喜慶、寺廟，則稱爲禮燭。一般來說蠟
燭的顏色有紅、黃、白三種，其使用方法因顏色之異而有差別。紅燭用於一
般祭典及喜事。白燭則常見於喪禮場合。至於黃燭則較少見。

崇遠堂所用之燭爲現今較科技化的產品——紅色鳳梨造型玻璃容器蠟
燭，擺於神主牌位龕前供桌上，每張供桌上各一對。在祭典中燃起熊熊烈火，
照亮祭壇，歡迎神靈降臨。

〔註31〕 《國語》〈楚語下〉卷18。（易天中注譯、侯迺慧校閱《新譯國語讀本》（臺北：
　　　　三民書局股份有限公司 1995 年 11 月），頁 765～766）。
〔註32〕 《儀禮》〈燕禮〉（《十三經注疏本》頁 178），卷 15，頁 17。
〔註33〕 錢玄、錢興奇編著：《三禮辭典》（江蘇古籍出版社 1998 年 3 月第一版），頁
　　　　1113。

四、炮

　　古時用火燒竹，嗶口剝有聲，稱爲爆竹；民間俗稱「炮仔」。關於爆竹的由來，據《荊楚歲時記》記載：「西方山中棲息身長丈餘之山魈，人見則病，名曰『山臊』。昔人若過之，可投青竹於火中，竹節轟然爆炸，山臊驚逃；後人以爆竹代之，以爲攘邪。」由此觀之，爆竹具有驅邪的功效，所以後人於祭儀中用來驅邪或表示慶賀。〔註34〕在焚化金銀紙之後，放炮表示歡迎神靈鑒納。

　　「炮仔」的種類繁多，有大炮、中炮、花炮、聯炮、竹簡炮、鼓燈炮……等，但用於祭祀的，則以下列爲主：

　　　上排炮：以「排」爲計算單位，多用於家庭祭祀、掃墓、小型祭典。

　　　竹篙炮：以「萬」爲計算單位，有一萬、五萬、十萬、五十萬、一百萬
　　　　　　　等，普通長三尺～十尺，也有超出者，用於大型祭典。

　　　炮城：用八角形的紙盒，內串以排炮或竹篙炮而成。多用於結婚慶典中，
　　　　　　故多用一對取成雙之意。

　　　衝天炮、煙火炮……等：近年來民眾爲表熱鬧的情境或是歡欣的心情，
　　　　　　　　　　　　　　更在各種活動中施放各種特殊效果的鞭炮。

　　鞭炮的原意在驅邪祓厄，後來演變爲在祭典、婚喪、迎神等場合，燃放鞭炮，以示隆重。是以，祀典以鳴炮爲始（表竭誠歡迎神祇降臨），祭祀時，則於金銀紙焚化後，燃放鞭炮（表示隆重地歡送神明）。

　　崇遠堂在整個典禮中鳴砲一次，僅在禮成之際，眾人焚燒金、銀山之時，餘人於旁暫歇，鳴炮以示化財完成，眾人繼續進行辭神儀節，整個儀式感恩神靈前來驅邪祓厄，並祈求神靈庇佑子孫將來時日能續享祖先德澤。崇遠堂所使用的是「上排砲」，砲聲短促卻響亮，代表祭祖完成並歡送神靈。

五、杯筊

　　杯筊在祭祀過程中是不可或缺的。祭祀是人神之間的溝通行爲，當然普羅大眾無法直接明瞭神的旨意，因此人與神之間的溝通，需藉助各種方法與器具。商朝占卜時就將該事刻在龜甲或獸骨上，再將之置於火上焚燒，依其龜裂

〔註34〕徐福全：《臺灣民間祭祀禮儀》（新竹市：臺灣省立新竹社會教育館，1996年
　　　　再版），頁39。

的情形,來判定該事的吉凶。隨著朝代變化,各式各樣的卜算方法愈來愈多了。然而在眾多的占卜方法裏,以杯筊最簡單。其起源爲何呢?宋人程大昌在其《演繁露》卷三卜教曰:「後世問卜于神,有器名杯筊者,以兩蚌殼投空擲地,觀其俯仰以斷休咎。……自有此制後,後人不專用蛤殼矣。或以竹或以木,略斲使如蛤形,而中分爲二,有仰有俯,故亦名杯筊。杯者言蛤殼中空可以受盛,其狀如盃也。筊者本合爲教,言神所告教現于此之俯仰也。」由程氏的說法可知,最原始的杯筊是用蚌殼做的,但經過一次次「投空擲地」,蚌殼容易摔裂,所以後來才改用竹或木製品。而之所以用「杯筊」二字,是因爲貝殼中空以後可裝東西,且其形狀和杯子很相似,故用「杯」字。又「筊」的發音與「教」的音類似,是指用杯的俯仰來表達神佛的意志,以教示於人。〔註35〕

杯筊是大眾化的占卜工具,有其一定的使用方法。當信徒拿著新月形的杯筊,祈求神明解惑消災,擲筊於地,請示神諭,稱爲「擲杯」。擲杯旨在祈安請願求運、卜問吉凶禍福。在進行擲杯時要先上香禮拜神佛,接著雙手合捧杯筊,虔誠告知神明,欲卜問祈求之事。參拜後,拿杯筊在香爐裏的香上繞三圈,再拋空擲於地,看其是否一俯一仰〔註36〕以定吉凶正負。

崇遠堂僅在中龕祭祖案頭上擺放二付杯筊,但整個祭祖儀式中並無使用。

第二節　祭儀

祭祀過程中繁文縟節甚多,而參與的人潮也可能產生雜亂的現象,因此必須有一套規劃來管控一切順序。而此重要內容即是禮文。禮文即行禮的儀節動作,行禮者從開始到結束,這中間的前進後退、左還右轉、揖讓跪拜、舉手投足,均須按照既定的動作去做;最初設計這些動作時,便是希望藉這些動作幫助行禮者或視禮者,在這動靜周旋之間感悟到行禮的意義何在。

崇遠堂祭祖採用的是「三獻禮」。什麼是三獻禮呢?柯佩怡在《臺灣南部客家三獻禮之儀式與音樂》歸納出「三獻禮」其一意指初獻、亞獻、終獻三個儀節的總稱,其二指稱使用這三個儀節的祭典,包含其整個祭祀過程與方式。其論述過程如下:

〔註35〕徐福全:《臺灣民間祭祀禮儀》(新竹市:臺灣省立新竹社會教育館,1996年再版),頁41。

〔註36〕一俯一仰稱爲「聖筊」表應允之意。

先就「三獻」一詞意義探討：

> 《禮記‧郊特牲》曰：「郊血，大饗腥，三獻爓，一獻熟。」……

《禮記‧郊特牲》中所指的「三獻」是祭祀時獻三種牲體。而《孔子文化大典》中對「三獻」做的解釋為：

> 古代郊祭時儀式，陳設祭品後，要三次獻酒，即初獻、亞獻、終
> 獻……。

此處所提及的「三獻」是指初獻、亞獻、終獻的三次獻酒之禮。《中國禮儀大辭典》歸納出「三獻」的意義有二，一為祭祀中獻酒三次的儀式；一為祭祀中所獻三種牲體。

> 祭祀禮儀。(1)指祭祀中獻酒三次。第一次稱為「初獻爵」，第二次
> 稱為「亞獻爵」，第三次稱為「終獻爵」，合稱三獻。起于周禮。……
> （2）三獻又指祭祀中所獻三種牲體。

綜上所論「三獻」是於祭祀中獻三次祭物，有為酒者、有為牲體者。

再就「三獻禮」一詞探究：

「三獻禮」則是指「祭祀禮儀」，是一種行初獻、亞獻、三獻的祭祀方式。除《禮記‧郊特牲》外《儀禮‧特牲饋食禮》亦有提及，北齊天保元年，明定祭孔時行三獻禮。自此以後，各代祭孔方式雖有不同，但都本於初獻、亞獻、終獻的基本模式（《孔子文化大典》）。唐承隋禮，《新唐書‧禮樂志》中，於郊祭、宗廟之祭、皇后歲祀等等眾多祭典，皆有使用三獻禮的儀節，配合前後的盥手、賜胙、望燎……，形成一套有系統的三獻禮儀。宋代史料中，亦有許多有關三獻禮儀的紀錄，以《宋史‧卷九十九‧志五十二》為例，記載神宗元豐年間，所舉行的郊祭過程，除了擴大前朝三獻禮的祭儀，更於其中明確記錄了儀節當中所使用的音樂樂章名，清楚地呈現三獻禮儀中，「禮」（儀式）與「樂」（音樂）的配合。此後，元、明、清三代以至於現今臺灣所行的三獻禮，便承襲這樣的方式，以禮領樂、以樂引禮，兩者環環相扣，互相推動儀式的進行。

而客家研究先驅陳運棟也針對〈喪禮家祭行兩堂用三獻禮〉〔註37〕儀式做以下整理：

〔註37〕選自陳運棟：《臺灣的客家禮俗》（臺北：臺原出版社（吳氏總經銷），1991
　　　年8月），頁160～162。

一、孝子禮

通：執事者各執其事，「樂師可奏哀樂」主祭孝子孝孫（侄）就位，與祭
　　者亦就位，主祭孝子孝孫（侄）參靈鞠躬跪、舉哀、哀止、呼伏、
　　呼伏，起，跪，呼伏、呼伏，起，跪，呼伏、呼伏、起，跪，呼伏、
　　呼伏，起（四禮八拜）灑茅砂。

引：詣于─茅砂所、茅砂、復位

通：降靈

引：詣于─降靈所、降靈、一揖、一揖、三揖、復位

通：焚香灑酒

引：詣于─香席前跪、初上香、上香、三上香、灑酒、呼伏、呼伏，起

通：執事者酌酒奉饌，主祭孝子孝孫（侄）行初獻禮

引：詣于─顯祖	考	諡	字法○○○公	之靈柩前跪敬酒奠饌、呼
	妣		○○○母○太孺人	

伏、呼伏，起，躬身退位

通：讀哀章

引：詣于─顯祖	考	諡○○	○○○公	之靈柩前跪讀哀章、呼伏、
	妣		○母○太孺人	

陳運動呼伏，起，躬身退位

通：執事者酌酒奉饌，主祭孝子孝孫（侄）行亞獻禮

引：詣于─顯祖	考	諡○○	○○○公	之靈柩前跪敬酒奠饌、呼
	妣		○母○太孺人	

伏、呼伏，起，躬身退位

通：執事者酌酒奉饌，主祭孝子孝孫（侄）行終獻禮

引：詣于─顯祖	考	諡○○	○○○公	之靈柩前跪敬酒奠饌、呼
	妣		○母○太孺人	

伏、呼伏，起，躬身退位

通：侑食（同加冠進祿意）

通：主祭孝子孝孫（侄）容身暫退

二、族戚禮

通：族戚代表就位，盥洗

引：詣于－盥洗所、盥洗、復位

通：族戚代表參神鞠躬跪：叩首、叩首、三叩首，起，跪，叩

首、叩首、六叩首，起，跪，叩首、叩首、九叩首，起

通：焚香灑酒

引：詣于－香席前跪：初上香、上香、三上香、灑酒、叩首、

叩首、三叩首，起

通：執事者酌酒奉饌、族戚代表行初獻禮

引：詣于－仙逝	翁	諡○○	○○○公	之靈柩前跪奠酒奠饌、叩首、
	婆		○母○太孺人	

叩首、三叩首，起，平身復位

通：讀奠章

引：詣于－仙逝	翁	諡○○	○○○公	之靈柩前跪讀奠章
	婆		○母○太孺人	

（同時（通）帶孝媳進湯飯，上時不哭，下時退行並哭）叩首

、叩首、三叩首，起，平身復位

通：執事者酌酒奉饌、族戚代表、行亞獻禮

引：詣于－仙逝	翁	諡○○	○○○公	之靈柩前跪奠酒奠饌、叩首、
	婆		○母○太孺人	

叩首、三叩首，平身復位

通：執事者酌酒奉饌、族戚代表行終獻禮

引：詣于－仙逝	翁	諡○○	○○○公	之靈柩前跪奠酒奠饌、叩首、
	婆		○母○太孺人	

叩首、三叩首，起，平身復位

通：侑食（同加冠進祿意）

通：族戚代表容身退位

通：主祭孝子孝孫（侄）復位、獻帛、化財、焚哀獻章、望燎

引：詣于—化財所、化財一揖、一揖、三揖、望燎、復位

通：主祭孝子孝孫（侄）辭靈鞠躬跪、呼伏、呼伏、起，跪，

呼伏、呼伏，起，跪，呼伏、呼伏，起，跪，呼伏、呼伏

，起（四禮八拜）

通：主祭孝子孝孫（侄）容身退位，與祭亦退位

通：禮畢

引：撤饌（隨手將牲醴移動結束）

綜上所述，歷代在「三獻禮」這個基礎上，發展出各自的祭儀內容及程序，但無論繁簡異同，初獻、亞獻、終獻這三個儀節，必不可免。我們可以這麼認為，從明末、清初之後，大量的大陸沿海居民播遷來台，不可避免的也將中國明清時期一脈相承的「三獻禮」祭祀系統帶到臺灣而沿襲至今。現今臺灣「三獻禮」的使用，可見於兩方面：一為用於各縣市政府每年舉辦的祭孔大典；另一是使用於民間的祭祀。前者延續清代所制訂的文廟典制，後者則見之於一般的宗廟祭祖及客家祭典當中。〔註38〕

一、崇遠堂祭祖儀節（書面記載）

吉事昌禮〔註39〕

通　執事者各司其事。祭主就位。參神鞠躬跪。叩首。叩首。三叩首。
　　興。跪。叩首。叩首。六叩首。興。跪。叩首。叩首。九叩首。興。
　　平身盥洗。

引　祭主詣盥洗所。盥洗。

通　復位。

引　祭主復位。

通　跪。叩首。叩首。三叩首。興。平身焚香。

〔註38〕 以上論述節錄自柯佩怡：《臺灣南部客家三獻禮之儀式與音樂》（臺北：文津
　　　　出版社有限公司，2005年，一刷），頁9～11。

〔註39〕 崇遠堂育英會總幹事廖宗仁先生提供。

引　祭主詣香案前。焚香。跪。上香。開醒提壺酌酒。降神酹酒。

通　伏俯興。復位。

引　祭主復位。

通　跪。叩首。叩首。三叩首。興。平身進饌。

引　祭主詣○○神。暨列位尊神之座前。進饌。

通　復位。

引　祭主復位。

通　跪。叩首。叩首。三叩首。興。平身行初獻禮。

引　行初獻禮。祭主詣○○神。暨列位尊神之座前。跪。祭酒。初進爵。
　　奉饌。

通　伏俯興。復位。

引　祭主復位。

通　跪。叩首。叩首。三叩首。興。平身詣香案前。聽讀祝文。

引　祭主詣香案前。聽讀祝文。讀祝文者跪。祭主人等以下皆跪。讀祝
　　文。

通　伏俯興。跪。叩首。叩首。三叩首。興。跪。叩首。叩首。六叩首。
　　興。跪。叩首。叩首。九叩首。興。平身復位。

引　祭主復位。

通　跪。叩首。叩首。三叩首。興。平身行亞獻禮。

引　行亞獻禮。祭主詣○○神。暨列位尊神之座前。跪。亞進爵。奉饌。

通　伏俯興。復位。

引　祭主復位。

通　跪。叩首。叩首。三叩首。興。平身行三獻禮。

引　行三獻禮。祭主詣○○神。暨列位尊神之座前。跪。三進爵。奉饌。

通　伏俯興。復位。

引　祭主復位。

通　跪。叩首。叩首。三叩首。興。平身侑食。

引　祭主詣○○神。暨列位尊神之座前。侑食。跪。進米糕。進飯。進
　　湯。進剛鬣柔毛。奉茶。獻財寶。獻金山銀山。

通　伏俯興。復位。

引　祭主復位。

通　跪。叩首。叩首。三叩首。興。平身告禮成。^{讀祝}^{者應}禮成。化財^{燒金}^{銀山}焚祝文^{燒祝}^文辭神鞠躬跪叩首。叩首。三叩首。興。跪。叩首。叩首。六叩首。興。跪。叩首。叩首。九叩首。興。平身禮畢撤饌。

二、中華民國九十五年崇遠堂秋祭大典祭祖儀式（筆者觀察紀錄）

（一）執事者各司其事：負責採買是管理員廖世民，當天一早即將祭品擺放於供桌上。

圖六：祭品一

五牲一付（豬前腿、雞、香腸、魷魚、蛋）。

圖七：祭品二

崇遠堂祭祖時祭品（共有六付）
祭品包含：三牲（雞、豬、香腸）、三素碗（黑木耳、金針、香菇）、三碗餅（花生、米香、餅乾）、五果（鳳梨、蘋果、甜柿、梨子、柚子）、香爐、清酒、茶、鮮花（後有補上鮮花）、蠟燭。

（二）祭主盥洗。

圖八：帨巾及水盆

圖九：主祭者於此用帨巾擦拭頭臉及手

（三）焚香：司儀宣佈祭典開始後，參與祭典者人手一柱清香。

圖十：眾人焚香祭拜

（四）降神酹酒。

圖十一：主祭者將酒灌於茅上
　　　　以降神

圖十二：茅草

（五）進饌。

圖十三：主祭者進五牲：主祭者摸桌面以表之

（六）行初獻禮。

圖十四：主祭者奠酒行初獻禮（獻酒一次）

（七）聽讀祝文（用閩南語非詔安話）。

圖十五：禮生廖萬鄉讀祝文　　圖十六：祝文（由廖萬鄉先生撰寫）

中華民國九十五年崇遠堂秋祭大典祝文：

維

中華民國九十五年歲次丙戌農曆九月九日重陽節

主祭裔孫廖天章暨代表七崁各村落裔孫人等，謹以五牲粢盛、珍饈果品、香燭財寶、獻金山銀山之儀。　　敢昭告

於

奉政大夫顯祖考張天正公、祖妣林氏大安人，朝議大夫顯祖考廖三九郎公、祖妣邱氏大恭人，正一世祖考張愿仔公、祖妣廖氏太媽，二世顯祖考張友來公、祖妣江氏、柳氏、呂氏、章氏，三世顯祖考

永安張一公、祖妣蕭氏、羅氏、徐氏，三世顯祖考永寧張二公、祖妣柳氏、林氏，三世顯祖考永傳張三公、祖妣蘇氏，三世顯祖考永祖張四公、祖妣羅氏，暨堂上列代顯祖考妣、列位尊神之座前曰：

追思祖先肇自清汝，合族彰府昭邑官陂，發展於此，大宗沛沛，震震隆隆，分鎮四方，皆由祖德。遠紹千載，定卜孫謀，永垂萬代，降自各派。祖考渡台，擇居七崁，積德當先，爲善最樂，和氣致祥，興德爲鄰，雄心奮發，開基建業，建築祠堂，崇遠光輝，七崁裔孫，奉祀祖先。螽斯衍慶，物換星移，歲序流易，各業亨通，時屆春序，謹以五牲、珍饈果品、香燭財寶，並切祀先。鑒臨在上，默佑無邊。千祥雲集，科甲蟬聯。支支昌熾，富貴綿綿。年歲豐樂，民物安康，六畜興旺，四時皆有慶，八節咸享。神有其赫，祈求平安。

鑒此馨香

　　　　　　　伏維

尚饗

（八）行亞獻禮。

圖十七：主祭者奠酒行亞獻禮（獻酒二次）

（九）行三獻禮。

圖十八：主祭者奠酒　　　　圖十九：主祭者行三獻禮（獻酒三次）

（十）侑食。

圖二十：主祭者行侑食禮

（十一）奉茶。獻財寶。獻金山銀山。

圖二十一：金山　銀山　　　圖二十二：獻金山　獻銀山

（十二）禮畢撤饌。

圖二十三：儀式結束大夥收拾祭品

儀式結束之後崇遠堂一族齊聚一堂，一起歡聚共享一頓豐盛的午餐，即所謂的「食公」。

圖二十四：理事長廖宜憲

圖二十五：宗親「食公」的熱鬧情景

（中著中山裝者）招待桃園縣的宗親
（圖中打領帶者及其右側者，實際參
與者有四人，圖中僅顯示出二人）和
南投市的宗親（圖中背對者著粉紅色
及藍色衣服二人）

此次擔任主祭者的為常務理事廖天章先生，本應是張廖氏宗親會〔註 40〕

〔註40〕民國四十二年由廖大漢組織張廖姓宗親會。資料來源：崇遠堂宗祠沿革編輯
委員會：《崇遠堂張廖宗祠沿革詳誌》（雲林：雲林縣元子公張廖姓宗親會印
製，1965 年五月），頁 28〜29。

理事長或是財團法人廖元子公育英會〔註41〕董事長來擔任，但因育英會董事長廖介源謙讓，而宗親會理事長廖宜憲不巧手受傷，因此由常務理事廖天章來擔任本次的主祭者。禮生則有六名，通：廖世泉、引：廖華、讀祝者：廖萬鄉、其餘執事三人分別是廖貴會、廖偉君、廖啓存。

第三節　祭義

祭義是指整個祭祀活動所要達成的目的，也是禮的三要素（禮器、禮文、禮義）中最重要的一項，《禮記・郊特牲》云：「禮之所尊，尊其義也。失其義，陳其數，祝史之事也。故其數可陳也，其義難知也。知其義而敬守之，天子之所以治天下也。」〔註42〕明白的說出禮儀進行的最終意義在於對禮義的體現。祭祀活動如果喪失禮義，也就失去了它的生命，只剩一個空殼子；禮器、禮文都可以由具體的物品或紀錄詳知，但是禮義確是抽象的，難以言喻。因此祭祀活動能夠知道其祭義並加以尊崇，天子可因此而治天下。相反的，如果舉行祭祀活動中，人們不明白禮義，只知其然而不知其所以然地行禮如儀，非但無法感動他的內心，反而會引起他對禮儀的反感與厭惡。

禮有三要素，以禮義最爲重要，是禮的靈魂，禮器和禮文都只是用來幫助體現禮義。一般而言，禮器和禮文比較容易隨著時代演進而改變，禮義則變動得較少。目前普遍的祭祖活動都在表現出思慕祖先的情懷及實現子孫報本返始的回饋心意。中國自古即尊崇孝道，祖先既亡，由於對於祖先的德澤思慕不已，難以自抑，因此「視死如視生」舉行祭祖活動追思祖先行誼，來慰藉緬懷的心靈。再者「吃果子拜樹頭」、「飲水思源」是做人

〔註41〕 民國四十九年二月十二日推奉廖東義爲董事長，向雲林縣政府申請財團法人廖元子公育英會之設立。民國四十九年二月十八日蒙雲林縣政府以「雲府金民字第七六三六號」許可設立財團法人廖元子公育英會。並於民國四十九年二月二十三日以董事會長廖東義名義向嘉義地方法院申請財團法人廖元子公育英會登記，民國四十九年三月三日蒙嘉義地方法院以「以登記簿第十二頁第十二號登記」。財團法人廖元子公育英會於是成立。民國四十九年九月二十七日再將會員大會改爲會員代表大會，民國五十年三月十八日修改章程置監事三人。至此財團法人廖元子公育英會組織於此完備。

〔註42〕 姜義華注譯，黃俊郎校閱：《新譯禮記讀本》〈郊特牲〉（臺北：三民書局股份有限公司，2000年），頁376。

的基本根基，己身出於父母，父母又出於祖父母，代代相傳，能有己身須感謝先人，因此舉行祭祖活動來展現自己報本返始的意念，使祖先感受後代子孫的回饋心意。以上兩點是古代祭祖的基本功能，而今因交通方便，天涯若比鄰；子孫繁衍甚眾，工商業社會的影響，親族之間聯絡並不熱絡，造成親人如路人的景象，因此就現代社會而言，「振宗收族」、團結族人應是新興的祭祖功能。

　　根據現存甲骨卜辭來看，殷商時代之祭祀祖先，多半是有所求於祖先，而周朝儒家所提倡之祖先祭祀，則是一種無所求為本質的儀式。對祖先無所求時，祭祀的重心在於祭祀者內心的心理活動，《通典・大斂奠周大唐》云：「惟祭祀之禮，主人自盡焉耳，豈知神之所饗也，亦以主人有齋敬之心也。」〔註43〕說出當時舉行祭祀活動只是表現主人的誠心與敬意，對於神靈並無所要求，主人心存齋敬，因此用虔誠的祭祀儀式，表達出自己的心意而已。《禮記・郊特性》亦云：「腥肆爓腍祭，豈知神之所饗也？主人自盡其敬而已矣。」〔註44〕主人自盡其敬，就是祭祀者自己以至誠之心將敬意表達出來，透過儀節之安排，祭祀者毫無保留地將他孺慕之情、報本之心一一表現出來，並無其他要求。如同孔子所說：「祭如在，祭神如神在。」〔註45〕當祭祀儀式舉行，祖先神靈好像就降臨在祭祀現場，像平時一般，與子孫閒話家常，聆聽著子孫說出內心思慕之情，如此，後代子孫即可達到紓解思慕祖先的情懷及實現子孫報本返始的回饋心意。

　　崇遠堂為張廖氏之開山祖廟，其餘之張廖家廟也分散在全臺各地，如台中市西屯區天與公祠（承祐堂）、台中市西屯區元聰公祠（福安堂）、台中市西屯區朝孔公祠（垂裕堂）、台中市西屯區西安里烈美公祠、台中市西屯區廣福里達顯公祠、雲林縣二崙鄉崙西村朝孔公祠（垂裕堂）、嘉義縣張廖簡姓大宗祠、南投鎮振興里（包尾）國程公祠、楊梅鎮太平里拔谷公祠、雲林縣二崙鄉湳仔村為見公祠（昌盛堂）、雲林縣西螺鎮頂湳里埔姜崙成功公祠、雲林縣西螺鎮廣興里子成公祠（追遠堂）、雲林縣二崙鄉來惠村溫和公祠（福綿堂）……等等，每處家廟均有後代子孫加以祭祀。隆重盛大者如臺中「承祐

〔註43〕 （唐）杜佑：《通典》卷 85〈大斂奠周大唐〉（臺北：臺灣商務印書館，1987年），頁 459。
〔註44〕 同注 238《新譯禮記讀本》，頁 380。
〔註45〕 〔宋〕朱熹集注，〔宋〕趙順孫纂疏：《四書纂疏》（臺北：文史哲出版社，1986年），頁 748。

堂」，依四時而祭，各宗親分從各地響應，歸回故里參與盛會。當然也不乏家勢較爲沒落，無法負擔龐大的祭祖開支，或是不想鋪張的族親，只由各房或各戶逢年過節自行前往祭祀祖先，並不辦理統一的祭祖活動，如坐落在雲林縣二崙鄉的「垂裕堂」。不論各家廟的情況爲何，大家心中追求的均是彰顯張廖姓的特殊，歌頌自己房派祖先光榮事蹟，或是張廖姓流傳相關的典故，如同《禮記‧祭統》所言：「銘者，論譔其先祖之有德善，功烈勳勞慶賞聲名，列於天下，而酌之祭器，自成其名焉，以祀其先祖者也。顯揚先祖，所以崇孝也。」〔註46〕又張廖子孫更是對元子公有情有義的節操難以忘懷，從族譜的編錄，到祭典的舉行，無不在思慕祖先的事蹟。張廖族人也念念不忘己從何出，謹記著祖先產生的源頭，更立下「七箴」來提醒自己是張骨廖皮，充分展現「報本返始」的意念。當然身爲始祖廟，總希望見到子孫開枝散葉，勢力日益龐大，家聲美名遠播。除此之外能見到子孫共榮共富，那就更加圓滿，因此「敬宗收族」的理念是不容摒棄的。《孝經‧開宗明義章第一》裡說：「立身行道，揚名於後世，以顯父母，孝之終也。」〔註47〕相信這也是崇遠堂所要積極達成的目標，也是崇遠堂舉辦祭祖活動來喚起各地子孫不忘祖的深切意義。

　　除了振興收族、報本返始的意義之外，在祭祖大典上，筆者還發覺到張廖族親共同的感嘆！原本整個祭祀活動標榜尊崇古禮，用著來自原鄉的語言進行。但在典禮進行之初，新一代有心人士帶著錄音器材想要將整個過程錄音下來，方便日後傳承之用。但卻也發現讀祝文者（廖萬鄉）已不會說詔安話，僅能聽而已，因此整個儀式進行到讀祝文時，就插進一段閩南發音的儀式。再者久居閩南地區，接觸閩南話已有一段時日，因此通和引的詔安話也產生一些改變，不是那麼純正（禮生廖偉君表示）。所以隨著大時代環境的改變，要保持原鄉的況味和傳統似乎存在著困難。語言的流失會使家鄉味走樣，忙碌的步調和生活壓力使得人口遷移，當願意投入祭祖活動的年輕人越來越少，崇遠堂即將面臨禮生斷層的窘境，因此每年固定的春、秋二祭，如何不流於形式，將是崇遠堂祭祖需要嚴肅面對的新課題。喚醒張廖子孫真誠的體認祭祖活動中所代表的意義，觸動張廖子孫願意薪火相傳的意願，讓祭祖活

〔註46〕同註238《新譯禮記讀本》〈祭統〉，頁683。
〔註47〕楊家駱主編：《孝經孟子注疏及補正》〈開宗明義章第一〉（臺北：世界書局，1981年11月），頁1。

動不只是行禮如儀的表面活動而已，而是能深刻感動血脈相傳的意義，也代表著自己特殊文化的傳承儀式。

第五章　崇遠堂祭祖與其他幾種家祭的比較

第一節　崇遠堂祭祖與〈特牲饋食禮〉

　　《儀禮‧特牲饋食禮》為士之祭禮，鄭《目錄》云：「特牲饋食之禮，謂諸侯之士以歲時祭其祖禰之禮，非天子之士而於五禮屬吉禮。」賈《疏》：「鄭知非天子之士而云諸侯之士者，案：〈曲禮〉云：「大夫以索牛，士以羊豕，彼天子大夫士，此《儀禮》特牲、少牢，故知是諸侯大夫士也。」知此處之士為諸侯之士也。鄭《注》云：「食道褻米貝美若然，食道是生人飲食之道。」「孝子於親雖死，事之若生，故用生人食道，饋之也。此釋經不言祭祀，而言饋食之意耳。」〔註1〕饋食為祭祀之始，孝子於其親，雖死，視之如生，所以用生人飲食之道來祭祀，因此在此篇中饋食是祭禮的核心內容。先秦時期完整記載士祭祖儀節的〈特牲饋食禮〉，其所採用的儀節是三獻禮，和崇遠堂祭祖的三獻禮是否存在時間因素之外的差異？以下先將〈特牲饋食禮〉祭祖儀節〔註2〕臚列如下，再與崇遠堂祭祖做一比較。

〔註1〕　《儀禮》〈特牲饋食禮〉(《十三經注疏》臺北市：藝文印書館)，頁519。
〔註2〕　參照顧寶田、鄭淑媛、黃俊郎注譯：《新譯儀禮讀本》(臺北市：三民書局股份有限公司，2002年) 與徐福全：《臺灣民間祭祀禮儀》(臺北：臺灣省立新竹社會教育館，1996年)，頁71〜83。

一、〈特牲饋食禮〉祭祖儀節

（一）筮日

「特牲饋食之禮，不諏日。及筮日，主人冠端玄，即位于門外，西面。」
〔註3〕士祭祀祖先並不事先選定日子，直接進行筮日，因此，在祭日之前，首先必須筮選祭祀的日子。「告於主人：『占曰吉。』若不吉，則筮遠日如初儀。」
〔註4〕先選近的日子，不行，再選遠的日子。選近的日子表示子孫非常渴望及早祭祀祖先，表示子孫思慕祖先之意甚篤。

（二）筮尸

尸是祭祀當日扮演被祭者的角色。「前期三日之朝，筮尸，如求日之儀。」
〔註5〕祭日筮定，在舉行祭祀前三天必須舉行筮尸的儀式，必須從死者的孫輩或侄孫輩中筮選一人爲「尸」，祭祀當日接受主人的獻祭，一方面可以使祭祖儀節更爲生動，一方面讓扮演者能深刻體會爲人子孫應如何善盡孝道。《禮記・祭統》「夫祭之道，孫爲王父尸，所爲尸者，於祭者子行也。」〔註6〕提到孫子輩才可以爲「尸」的角色，是參與祭祀者的子輩。

（三）宿尸

「宿尸。主人立于尸外，門外，子姓兄弟立于主人之後，北面東上。尸如主人服，出門左，西面。主人辟，皆東面，北上。主人再拜，尸答拜。宗人擯辭如初，卒曰：『筮子爲某尸，占曰吉，敢宿！』祝許諾，致命。尸許諾，主人再拜稽首。尸入，主人退。」〔註7〕選定某人爲尸，必須告訴他，讓他有所準備，稱爲「宿尸」。

（四）宿賓

「宿賓。賓如主人服，出門左，西面再拜。主人東面答再拜。宗人擯曰：『某薦歲事，吾子將涖之，敢宿。』賓曰：『某敢不敬從！』主人再拜，賓答

〔註3〕顧寶田、鄭淑媛、黃俊郎注譯：《新譯儀禮讀本》（臺北市：三民書局股份有限公司，2002年），頁488。

〔註4〕同上註，頁488。

〔註5〕同上註，頁488。

〔註6〕姜義華注譯，黃俊郎校閱：《新譯禮記讀本》〈祭統〉（臺北：三民書局股份有限公司，2000年），頁678。

〔註7〕顧寶田、鄭淑媛、黃俊郎注譯：《新譯儀禮讀本》（臺北市：三民書局股份有限公司，2002年），頁488～489。

拜。主人退，賓拜送。」〔註8〕祭祖是一項非常隆重的活動，不只家人、族人會來參與，同時主人也會邀請同僚朋友來觀禮，並須在受邀來賓中選擇一位當做「貴賓」，祭祀之日由他進行第三獻（終獻）之禮；對於被選定爲「貴賓」的人，主人要在事前通知他，稱爲「宿賓」。

（五）視濯視牲

「厥明夕，陳鼎于門外，北面北上。有鼏。棜在其南。南順，實獸于其上，東首。牲在其西，北首，東足。設洗于阼階東南，壺、禁在西序，豆、籩、鉶在東房，南上。几、席、兩敦在西堂。……宗人升自西階，視壺濯及豆籩，反降東北面告濯具。……宗人視牲，告充。雍正作豕，宗人舉獸尾，告備；舉鼎鼏，告絜。請期，曰：『羹飪。』告事畢。」〔註9〕舉行祭祀的前一天晚上，主人、親友、貴賓、一般賓客，都要到宗廟去看祭祀所須的犧牲（豕）、祭品、祭器是否準備齊全、清洗乾淨。在祭祀典禮中，祭器、祭品是非常重要的禮節代表，他是主人的身分地位象徵，也是祭祀中和祖先溝通的重要媒介，因此要特別謹愼準備，所以在祭祀前一日的晚上必需特別注意犧牲（豕）、祭品、祭器的準備、清洗乾淨，此儀節稱爲「視濯視牲」。

（六）祭祀陳設及位次

「夙興，主人服如初，立于門外東方，南面，視側殺。主婦視饎爨于西堂下。亨于門外東方，西面北上。羹飪，實鼎，陳于門外，如初。尊于戶東，玄酒在西。實豆、籩、鉶，陳于房中，如初。執事之俎，陳于階間，二列，北上。盛兩敦，陳于西堂，藉用萑，几席陳于西堂，如初。尸盥匜水，實于槃中；簞巾，在門內之右。祝筵几于室中，東面。主婦纚笄，宵衣，立于房中，南面。主人及賓、兄弟、群執事，即位于門外，如初。宗人告有司具。主人拜賓，如初，揖入，即位如初。佐食北面立于中庭。」〔註10〕祭祀當天清早，主人必須親自監督宰殺一牲（特牲），主婦則需將特牲、魚、腊，各加以烹煮，分置於三鼎，陳設廟門外，陳設的位置均需按照規定的位置，酒尊、籩、豆、俎、敦、匜、槃、几筵等皆預備好，主人、主婦、貴賓、眾有司（幫忙的執事）全到齊且各就各位（需依照既定的位次），便可以開始進行祭祀儀式。

〔註8〕同上註，頁489。
〔註9〕同上註，頁489。
〔註10〕同上註，頁493。

（七）陰厭

「主人及祝升，祝先入，主人從，西面于戶內。主婦盥于房中，薦兩豆：葵菹、蝸醢，醢在北。宗人遣佐食及執事盥，出。主人降，及賓盥，出。主人在右，及佐食舉牲鼎。賓長在右，及執事舉魚腊鼎。除鼏。宗人執畢先入，當阼階，南面。鼎西面錯，右人抽扃，委于鼎北。贊者錯俎，加匕。乃朼。佐食升肵俎，鼏之，設于阼階西。卒載，加匕于鼎。主人升，入復位。俎入，設于豆東。魚次，腊特于俎北。主婦設兩敦黍稷于俎南，西上；及兩鉶芼設于豆南，南陳。祝洗，酌奠，奠于鉶南，遂命佐食啓會。佐食啓會，卻于敦南，出，立于戶西，南面。主人再拜稽首。祝在左，卒祝，主人再拜稽首。」〔註11〕在尸未入室以前，祝、主人和主婦進入宗廟，在室之西南角陳設豕、魚、腊三俎、二豆（葵菹、蝸醢）、二敦（黍、稷）、二鉶、酒觶，行「陰厭」之禮。

（八）尸入九飯

「祝迎尸于門外。主人降，立于阼階東。……尸受，振祭，嚌之，左執之；乃食，食舉。主人羞肵俎于腊北。尸三飯，告飽。……尸實舉于菹豆。佐食羞庶羞四豆，設于左，南上，有醢。尸又三飯，告飽。祝侑之，如初；舉骼及獸、魚，如初。尸又三飯，告飽。」〔註12〕祝迎尸入廟門，盥洗，升堂入室，由主人、祝、佐食合作，使尸祭嘗諸祭品後，分三階段完成九飯之禮。

（九）主人初獻

「主人洗角，升酌，酳尸。……祝受尸角，曰：『送爵！皇尸卒爵。』……祝酌授尸，尸以酢主人。……進聽嘏。佐食搏黍授祝，祝授尸。尸受以菹豆，執以親嘏主人。……詩懷之，實于左袂，挂于季指；卒角，拜，尸荅拜。主人出，寫嗇于房；祝以籩受。筵祝，南面。主人酌獻祝，祝拜受角，主人拜送。……酌獻佐食。佐食北面拜受角，主人拜送。」〔註13〕初獻由主人行之，主人以角酌酒酳尸，尸飲之後酌滿以酢主人，尸向主人說祝福的話，然後主人尚須獻祝、獻佐食，初獻之禮才告完成。

〔註11〕同上註，頁 493～494。
〔註12〕同上註，頁 489。
〔註13〕同上註，頁 497。

（十）主婦亞獻

「主婦洗爵于房，酌，亞獻尸。尸拜受，主婦北面拜送。……尸卒爵，祝受爵，命送如初。酢如主人儀。……獻祝，薦燔從，如初儀。及佐食，如初。卒，以爵入于房。」〔註14〕亞獻由主婦行之，宗婦及兄弟長幫忙，爵獻尸，尸酢主婦，主婦獻祝、獻佐食，亞獻之禮即完成。

（十一）賓三獻

「賓三獻，如初。燔從如初。爵止。席于戶內。主婦洗爵，酌，致爵于主人。主人拜受爵。主婦拜送爵。……主婦荅拜，受爵，酌醋，左執爵，拜，主人荅拜。……主人降，洗，酌，致爵于主婦，席于房中，南面。主婦拜受爵，主人西面荅拜。宗婦薦豆、俎，從獻皆如主人。主人更爵酌醋，卒爵，降，實爵于篚，入復位。三獻作止爵。尸卒爵，酢。酌獻祝及佐食。洗爵，酌，致于主人、主婦，燔從皆如初。更爵，酢于主人；卒，復位。」〔註15〕三獻由貴賓行之，貴賓先獻尸于室戶內鋪席供主人用，主婦致爵於主人並自酢，主人亦致爵於主婦並自酢；然後尸酢貴賓，貴賓乃獻祝及佐食，最後致爵於主人主婦並自酢，三獻之禮乃完成。

（十二）獻賓與兄弟

「主人降阼階，西面拜賓，如初，洗。賓辭洗。卒洗，揖讓升，酌，西階上獻賓。賓北面拜受爵。主人在右荅拜。……獻長兄弟于阼階上，如賓儀。洗，獻眾兄弟，如眾賓儀。洗，獻內兄弟于房中，如獻眾兄弟之儀。主人西面荅拜，更爵酢，卒爵，降，實爵于篚，入復位。」〔註16〕三獻禮後，主人獻貴賓、獻眾賓、獻長兄弟、獻眾兄弟、獻內兄弟（指姑姊妹及族人之婦）。

（十三）長兄弟加爵與眾賓長加爵

「長兄弟洗觚為加爵，如初儀，不及佐食。洗致如初，無從。」〔註17〕
「眾賓長為加爵，如初，爵止。」長兄弟與眾賓長以觚盛酒獻尸，稱為「加爵」，其有侑食勸飽之意，亦讓長兄弟及眾賓長有機會向尸表達敬意。

〔註14〕同上註，頁 497～498。
〔註15〕同上註，頁 498～499。
〔註16〕同上註，頁 499～500。
〔註17〕同上註，頁 500。

（十四）嗣舉奠獻尸

「嗣舉奠，盥入，北面再拜稽首。……奠洗酌入，尸拜受，舉奠荅拜。尸祭酒，啐酒，奠之。舉奠出，復位。」〔註 18〕主人之嗣子入室獻尸，具有觀摩與傳承的意義在內。

（十五）旅酬

「兄弟弟子洗酌于東方之尊，阼階前北面，舉觶于長兄弟，如主人酬賓儀。……長兄弟西階前北面，眾賓長自左受旅，如初。……眾賓及眾兄弟交錯以辯，皆如初儀。爲加爵者作止爵，如長兄弟之儀。長兄弟酬賓，如賓酬兄弟之儀，以辯。卒受者實觶于篚。賓弟子及兄弟弟子洗，各酌于其尊，中庭北面，西上；舉觶於其長，奠觶，拜，長皆荅拜。舉觶者祭，卒觶，拜，長皆荅拜。舉觶者洗，各酌于其尊，復初位，長皆拜。舉觶者皆奠觶于薦右。長皆執以興，舉觶者皆復位荅拜。長皆奠觶于其所，皆揖其弟子，弟子皆復其位。爵皆無筭。」〔註 19〕「旅酬」禮，由長兄弟與貴賓，長兄弟與眾賓長，眾賓與眾兄弟，相互爲酬，遍及賓之弟子與兄弟之弟子，另一方面主婦及內賓、宗婦亦於房中行旅酬禮，最後且至「爵皆無筭」，蓋藉此可以序長幼，教孝弟，進而交恩定好，促進人際間之情誼也。

（十六）佐食獻尸

「利洗散，獻于尸；酢，及祝，如初儀。降，實散于篚。」〔註 20〕旅酬後，祭祖儀式已近尾聲，佐食要向尸獻散，並及於祝。

（十七）尸出歸尸俎徹庶羞

「主人出，立于戶外，西南。祝東面告利成。尸謖，祝前，主人降。祝反，及主人入，復位。命佐食徹尸俎，俎出于廟門；徹庶羞，設于西序下。」〔註 21〕佐食獻尸完成後，尸即起身出廟門，祝在前引導，貴賓在後恭送。尸出廟門，乃徹庶羞，蓋祭畢將有燕飲之事。

（十八）嗣子與長兄弟養

「筵對席，佐食分簋鉶。宗人遣舉奠及長兄弟盥，立于西階下，東面

〔註 18〕同上註，頁 500。
〔註 19〕同上註，頁 500～501。
〔註 20〕同上註，頁 501。
〔註 21〕同上註，頁 501。

北上。祝命嘗食，餕者舉奠許諾，升，入，東面，長兄弟對之，皆坐。佐食授舉各一膚。主人西面再拜，祝曰：『餕有以也。』兩袞奠舉于俎，許諾，皆荅拜。若是者三。皆取舉，祭食，祭舉，乃食，祭鉶，食舉。卒食，主人降，洗爵，宰贊一爵。主人升酳，酳上餕，上餕拜受爵，主人荅拜。酳下餕亦如之。主人拜，祝曰：『酳有與也。』如初儀。兩餕執爵拜，祭酒，卒爵，拜。主人荅拜。兩袞皆降，實爵于篚。上餕洗爵，升酳，酢主人，主人拜受爵。上餕即位坐，荅拜。主人坐祭，卒爵，拜。上餕荅拜，受爵，降，實于篚。主人出，立于戶外，西面。」〔註22〕尸出廟門後，嗣子（主人之嫡子）與長兄弟在室內對席袞尸（代表祖先）所吃過的食物，以嗣子為上餕，以長兄弟為下餕。餕是祭禮中，與祭者吃鬼神及尸所吃過的食物之儀節，祝在旁勸勉上下二餕，告訴他們先祖因有令德而受此祭，餕食其餘者亦當有所為也。

（十九）改饌陽厭

「祝命徹阼俎、豆、籩，設于東序下。祝執其俎以出，東面于戶西。宗婦徹祝豆、籩入于房，徹主婦薦、俎。佐食徹尸薦、俎、敦，設于西北隅，几在南，屏用筵，納一尊。佐食闔牖戶，降。祝告利成，降，出。主人降，即位。宗人告事畢。」〔註23〕餕禮之後，將一部分祭品陳列在室中西北隅光線較佳之處，稱為「改饌陽厭」，於是整個祭祖儀節完成。

（二十）禮畢送賓

「賓出，主人送于門外，再拜。佐食徹阼俎。堂下俎畢出。」〔註24〕主人送貴賓等出門回家，眾貴賓及兄弟之俎（祭品）自己帶回家，貴賓之俎別由主人派有司送去貴賓家，以示尊重也。

二、古今異同

（一）就祭品而言

1. 飲食性祭品：〈特牲饋食禮〉是先秦時期士階級祭祖的記載，祭品部份非常講究，但大抵而言仍可區分為牲禮、主食菜餚部份。

〔註22〕同上註，頁 509。
〔註23〕同上註，頁 510。
〔註24〕同上註，頁 510。

- 牲禮：全豬、魚、兔。
- 主食菜餚：飯、菜羹、肉羹、醃製葵菜、螺醬、肉醬、煮肉汁、豬的
  內臟（肝、舌、肺……）、棗、栗、佐酒食品。

　　〈特牲饋食禮〉饋食用的是以全豬配以蠟兔和數尾魚爲主的特牲，而崇
遠堂則採用更高階的五牲，可能〈特牲饋食禮〉受限於當時的身分地位不得
逾越，而現代的崇遠堂祭祖，沒有封建時代的觀念束縛，僅求表現後代子孫
虔誠的心意，因此用最高規格來祭祖。主食菜餚部份仍以當時人民一般日常
食品爲主，與崇遠堂同。

2. 禮器：吳十洲先生在《兩周禮器制度研究》中指出：「禮的物化——禮
   器」〔註25〕，意指禮的奉行有一定的物化形式，在這形式中就是以禮
   器與之相對。禮器是祭祀時所使用的器具，它也是權力地位的象徵物；
   再者，它也是崇神祭祖時後人與先祖溝通的媒介。以下就《特牲饋食
   禮》中的禮器稍作解釋（按〈特牲饋食禮〉文中出現順序）：

（1）筮：「筮人取筮于西塾，執之，東面受命于主人。」蓍草，爲占筮之具。

（2）鼎：「厥明夕，陳鼎于門外，北面北上。」升牲體之器也。

（3）鼏：「有鼏。枓在其南。」鼎之蓋也。

（4）枓：「枓在其南。」盛放酒器或食品的禮器。

（5）洗：「設洗于阼階東南。」棄水之器。

（6）壺：「壺、禁在西序。」盛酒之器。

（7）禁：「壺、禁在西序。」盛放酒尊之器。

（8）豆：「豆、籩、鉶在東房，南上。」實濡物之器。

（9）籩：「豆、籩、鉶在東房，南上。」實乾物之器。

（10）鉶：「豆、籩、鉶在東房，南上。」實羹之器。

（11）敦：「几席兩敦在西堂。」盛黍稷之器。

（12）尊：「尊于戶東，玄酒在西。」盛酒之器。

（13）萑：「藉用萑，几席陳于西堂。」細葦。

（14）匜：「尸盥匜水，實于槃中」洗手盛水用具。

〔註25〕吳十洲：《兩周禮器制度研究》（臺北：五南圖書出版公司、中華發展基金管
　　　　理委員會聯合出版，2004），頁24。

（15）畢：「宗人執畢先入，當阼階，南面。」祭器名。用以指揮執事載放
　　　祭品。

（16）扃：「鼎西面錯，右人抽扃，委于鼎北」鼎扛。

（17）俎：「贊者錯俎，加匕。」載牲體之器。

（18）朼：「贊者錯俎，加匕。乃朼。」出牲體之器。

（19）觶：「尸左執觶，右取菹擩于醢，祭于豆閒。」盛酒之器。

（20）角：「主人洗角，升酌，酳尸。」飲酒器。

（21）爵：「送爵！皇尸卒爵。」酌酒而飲之器。

（22）篚：「主人荅拜，受角，降，反于篚，升，入復位。」古時盛物之方
　　　形有蓋的竹器。

（23）勺：「尊兩壺于阼階東，加勺，南枋，西方亦如之。」画酒之器。

（24）觚：「長兄弟洗觚爲加爵，如初儀，不及佐食。」古時一種長身大口
　　　的酒器。

（25）散：「利洗散，獻于尸」飲酒器。

（26）簋：「筵對席，佐食分簋鉶。」盛黍稷之器。

〈特牲饋食禮〉一文中並無提到香、燭、炮……等等的禮器，僅記載行
禮之際所用之器物，因此香、燭、炮等等之類不進行討論。〈特牲饋食禮〉一
文記載明顯較崇遠堂使用的盛酒杯、茶杯、牲禮盤、碗、筷子、盤子、臉盆、
臉盆架、淨爐、燭臺等等要複雜講究的多。一來應是饋食禮祭品項目繁雜講
究，所以盛物之器也需嚴加區別，分爲盛裝濕的祭品和乾的祭品，酒的種類
多也以不同器皿加以盛裝，以表子孫愼重其事。二來可能重視「食公」活動，
當時應無外燴之事，所有祭品當在「食公」活動中分享，因此準備的祭品不
論在數量或是種類自然而然就較豐盛，禮器的使用也就必須多樣。而崇遠堂
祭祖因應現代人所謂簡約和健康觀念，盡量不讓食物曝曬於外，以免細菌孳
生，一方面盡量以包裝良好之物品取代，另一方面則做到簡略原則，象徵性
代表即可，不必過於鋪張浪費，「食公」活動食材另外準備，因此兩者相較，
〈特牲饋食禮〉所用的禮器自然比崇遠堂祭祖繁雜。

　3. 服飾

　（1）主人（士）

　　　及筮日，主人冠端玄，即位于門外，西面。

前期三日之朝，筮尸，如求日之儀。

尸如主人服，出門左，西面。

宿賓。賓如主人服，出門左，西面再拜。

夙興，主人服如初，立于門外東方，南面，視側殺。

記：「特牲饋食，其服皆朝服，玄冠、緇帶、緇韠。唯尸、祝、佐食玄端，玄裳、黃裳、雜裳可也，皆爵韠。」

〈特牲饋食禮〉記載士於筮日、筮尸、宿賓、視殺、正祭皆用玄端。而崇遠堂主祭者於當天裡面著藍色長袍，外罩黑色短馬褂，頭戴藍黑色小帽（有別於一般禮生），腳穿皮鞋（見圖一），與〈特牲饋食禮〉中士著朝服，玄冠、緇帶、緇韠大有不同。

圖一：民國 95 年崇遠堂秋祭大典
主祭者：廖天章

（2）主婦（士妻）

主婦纚笄，宵衣，立于房中，南面。

〈特牲饋食禮〉記載主婦纚笄，宵衣，而崇遠堂祭祖中並不見婦人立於主祭列中，僅與一般參與者同。

（3）與祭人員

● 子姓兄弟與賓

及筮日，……子姓兄弟如主人之服，立于主人之南，西面北上。

前期三日之朝，筮尸，如求日之儀。

宿賓。賓如主人服，出門左，西面再拜。

● 尸、祝、佐食

及筮日，……有司、群執事如兄弟服，東面北上。

前期三日之朝，筮尸，如求日之儀。

乃宿尸。主人立于尸外門外，子姓兄弟立于主人之後，北面東上。

尸如主人服，出門左，西面。

● 宗婦

> 宗婦執兩籩，戶外坐。

> 宗婦贊豆如初。

> 宗婦薦豆、俎，從獻皆如主人。

〈特牲饋食禮〉中與祭人員之子姓兄弟與賓、尸、祝、佐食皆如主人服，為著朝服，玄冠，緇帶，緇韠。〈特牲饋食禮〉並無特別提到宗婦與祭時的服裝，但鄭玄《注》：「凡婦人助祭同服。」因此，此處宗婦之服應是如主婦纚、笄，宵衣。崇遠堂祭祖大典上僅見禮生著藍色長袍，頭戴藍色小帽以與一般與祭者區別，其餘與祭者皆穿著一般服飾，講求整齊大方，並無其他特殊。

〈特牲饋食禮〉與崇遠堂祭祖皆把焦點放在主祭者與其他禮生，如尸、祝、貴賓等等，一方面表示為主角者慎重其事，穿著正式服裝參與盛會，另一方面則便於與其他參與祭典者做區分。除此之外，其餘參與祭者則穿著一般服飾，講求整齊大方，以表重視此一盛會。

（二）就祭儀而言

1. 位次

〈特牲饋食禮〉進行中，一前進一轉寰都有嚴明的節度，不過重點仍在主祭者、宗婦與貴賓，此三者須完成三獻禮節，因此位次有所轉換，在行禮如儀之際由祝引導完成各儀節。崇遠堂祭祖則較簡單，主角僅一位（主祭者），其位次居中，並無須與他人更動位置，僅在桌次間移動，但仍由「引」協助其完成祭祀禮節。

2. 儀節

（1）祭祖前：〈特牲饋食禮〉有筮日、筮尸、宿尸、宿賓等準備活動，而崇遠堂祭日訂在正月十一日（廖元子忌辰）、九月初九（九月為元子生辰月，但生日不詳，取九日為重陽佳節），舉辦春秋二祭，日期是固定的，並無擇日。更無「尸」「貴賓」角色出現，所以也無宿尸、宿賓的活動。

（2）祭祖時：

● 主祭者：〈特牲饋食禮〉當然由主人擔任主祭者，但亞獻禮由宗婦行之，終獻禮由貴賓行之。崇遠堂祭祖時，僅有一位主祭。

- 迎神：〈特牲饋食禮〉並無迎神動作，因以尸代表祖先，所以無須有恭請祖先降臨儀式。而崇遠堂祭祖在三獻禮之前，有降神動作，其儀式為「灌酒於茅上」，其斟酒儀式必須在桌下，而後再將酒灌於桌下所擺之茅上，完成降神的禮節，亦即請祖靈來享之意。

- 神主：〈特牲饋食禮〉以尸代表祖先，而崇遠堂祭祖則是向神龕中的牌位致意。

（3）三獻禮終：〈特牲饋食禮〉在三獻禮之後還有獻賓與兄弟、長兄弟加爵與眾賓長加爵、嗣舉奠獻尸、旅酬、佐食獻尸、尸出歸尸俎徹庶羞、嗣子與長兄弟袞、改饌陽厭等等的儀節。而崇遠堂祭祖活動中並無，僅在禮成之後接著「食公」活動，也就是與會人士一起用餐。

（三）就祭義而言

在封建制度的社會中，講求的是階級清楚、禮教嚴明，什麼身分用什麼禮節是不容輕忽、紊亂的。在封建制度下祭祖職責也是世代相傳而下的，唯有具宗子身分方能擔任主祭者。因此，身為諸侯以至士人，在饋食禮中就必須嚴守禮法，不得逾矩，一來得以表彰身分地位，二來可以宣示主權，使得社會制度順利運作。而現今的崇遠堂祭祖，因處在一個人人平等、自由開放的社會，階級觀念已不存在。且張廖一族在雲林縣西螺、二崙、崙背地區開墾史中，有著輝煌的歷史，光宗耀祖是為人子孫一大心願，因此基於顯揚父母與對祖先的懷念，崇遠堂依然恪遵祖傳的種種活動。張廖子孫藉著祭祖活動與族親聯繫感情，彰顯家族獨特性，並扮演著傳承即將式微的文化傳統。由此看來〈特牲饋食禮〉的活動雖不忘祖先德澤，但基本上是處於較被動的狀況，是社會中的禮法約束。反觀崇遠堂祭祖，雖僅有七百多年，其中不乏困窘，但張廖子孫一心一意想將活動傳承下來，純粹是主動的、是源自於心的意念，這應是其中一大分野。

第二節　崇遠堂祭祖與《文公家禮・四時祭》

中國之禮典傳統，從西晉《新禮》開始，以「禮經」為本，「五禮」為體，目的在呈現「今王定制」的國家禮儀，以作為國家禮教的準繩。然而為維持當代禮制之權威，禮典必須不斷進行修訂，方得維持行用不墜。在禮典的運

作上，是以「失禮入刑」作爲準則，透過令、式而法制化，違令、式，則以律懲罰，藉以鞏固「禮典」的權威。這個傳統在隋、唐臻至成熟，《大唐開元禮》是集其大成，故《開元禮》成爲中古禮典傳統之典範。但歷史並非一層不變，唐朝的安史之亂導致國家根基動搖，整個民間社會發生極大的變動，因此原本規範的禮制已無法施行。

到了北宋，宋太祖完成《開寶通禮》後，繼位之君主均不願大幅更動太祖之家法，於是僅根據《通禮》修纂，並無重撰符合民間流行或變通之禮典。因此宋代在禮典的制定上是注重「沿革性」與「修正性」，並不著重開創。所以就中古禮典傳統於唐代成熟，並在唐、宋間發生轉變，禮官系統與修禮機制也跟著發生轉變。宋朝更由宰輔兼領禮儀使職，代替皇帝主持典禮，而其中有許多禮儀並非禮典所載，竟是基於皇帝個人信仰或意志而舉行，這些祀儀透過儀注化而逐步納入禮典中。此外，國家禮典爲求於當代行用，其中有若干儀制並非來自傳統禮教，例如「行香」是來自佛教的儀式，「寒食上墓」則是源自地方民俗。正因爲求合用於「當代」，於是禮典就必須具備「可變」之特質，所以「禮典」的性質與「禮經」並不相同，但二者之間定位與目的不同，可是又相互依存。

唐、宋爲加強禮典的行用，於是在科舉考試中設立禮典科目，以鼓勵士子研習國家禮儀。後來北宋因爲政治社會的變化，禮典的內容無法因應時局而修正，使得國家禮典的行用效力與教化功能受到限制。另一方面，以「家禮」相標榜的門第貴族雖漸趨沒落，但取而代之的科舉士大夫爲維持仕途，於是相繼致力於家禮之修撰，盼能獲取中古門第之社會地位，並挽救日益低俗之民風。這也使士人關注禮制與禮書的焦點，由「國家禮典」逐漸轉移到「家禮」。最具代表性的家禮類禮書，就是朱熹的《文公家禮》。

《文公家禮》承司馬光《溫公書儀》之餘緒，明丘濬在〈文公家禮儀節序〉中提到：「文公先生因溫公書儀，參以程張之說，而爲《家禮》一書。」〔註26〕綜合古禮與兩宋諸家禮書，反映科舉與平民社會需求的禮書，到了元代成爲國家量定禮制之參考範本，明代更將《文公家禮》頒行天下，《文公家禮》乃正式具備國家禮典之功能。因此自宋以後，禮典的修纂大都以《文公家禮》爲範本，以致於《文公家禮》的禮典儀式普遍流傳在民間社會，漸漸

〔註26〕　〔宋〕朱熹：《文公家禮儀節》（明正德戊寅十三年常州重刊本，〔明〕邱濬重編）。

的保留下來形成中國民間社會行禮的依據。因此本文採取《文公家禮·四時祭》儀節〔註27〕爲範本，與崇遠堂舉行祭祖大典相較。

一、《文公家禮·四時祭》儀節

（一）時祭用仲月。前旬卜日。

孟春下旬之首，擇仲月三旬各一日，或丁或亥，主人盛服立於祠堂中門外，西向，兄弟立於主人之南少退，北上，子孫立於主人之後，重行，西向，北上，置卓子於主人之前，設香爐香合環及盤於其上，主人搢笏焚香薰珓，而命以上旬之日。曰某將以來月某日祗此歲事，適其祖考尙饗。即以珓擲於盤，以一俯一仰爲吉；不吉，更卜中旬之日；又不吉則不復卜，而直用下旬之日。既得日，祝開中門，主人以下北向立如朔望之位皆再拜，主人升，焚香再拜，祝執辭跪於主人之左，計日，孝孫某將以來月某日，祗薦歲事於祖考，卜既得吉，敢告。用下旬日則不言卜既得吉，主人再拜，降復位，與在位者皆再，祝闔門，主人以下復西向位，執事者立於門西，皆東面北上，祝立於主人之右，命執事者曰，孝孫某將以來月某日祗薦歲事於祖考，有司具修。執事者應曰諾，乃退。此節說明舉行四時祭儀節前須先擲筊選定祭祀之日，先選上旬之日，不應允再擇中旬之日，再不應允則直接選定下旬之日不再卜之。

（二）前期三日齋戒。

前期三日，主人帥眾丈夫致齋於外，主婦帥眾婦女致齋於內，沐浴更衣，不飲酒茹葷，不弔喪問病聽樂，凡凶穢之事皆不得與。設位陳器、省牲滌器具饌。祭祀前三日主人、眾丈夫、主婦、眾婦女需沐浴更衣進行齋戒，並安排位次、擺設器具，審視牲體、器具和飯菜，以便祭祀活動的進行。

（三）厥明。夙興。設蔬果酒饌。

主人以下深衣及執事者俱詣祭所，盥手，設果楪於逐位卓子南端，蔬菜脯醢相間次之，設盞盤醋楪於北端，盞西楪東，匙筯居中，設玄酒及酒各一瓶於架上，玄酒其日取井花水充，在酒之西，熾炭於爐，實水於瓶，主婦背子炊煖祭饌，皆令極熱，以合盛出，置東階下大牀上。祭祀當日，天剛亮就要開始準備蔬果與酒食，而且祭饌必須趁熱盛出，準備開始祭拜祖先。

〔註27〕〔宋〕朱熹：《文公家禮儀節》卷7（明正德戊寅十三年常州重刊本，〔明〕邱濬重編）。

（四）質明。奉主就位。

主人以下各盛服盥手，帨手，詣祠堂前，眾丈夫敘立如告日之儀，主婦西階下北向立，主人有母則特位於主婦之前，諸伯叔母諸姑繼之，嫂及弟婦姐妹在主婦之左，其長於主母主婦者皆少進，子孫婦女內執事者在主婦之後重行，皆北向東上，立定，主人升自阼階，搢笏焚香，出笏告曰，孝孫某今以仲春之月有事於皇高祖考某官府君，皇高祖妣某封某氏，皇曾祖考某官府君，皇曾祖妣某封某氏，皇祖考某官府君，皇祖妣某封某氏，皇考某官府君，皇妣某封某氏，以某親某官府君，某親某封某氏祔食，敢請神主出就正寢，恭伸奠獻。告訖，搢笏歛櫝，正位祔位各置一笥，各以執事者一人捧之，主人出笏前導，主婦從後，卑幼在後，至正寢，置於西階卓子上，主人搢笏啓櫝，奉諸考神主出就位，主婦盥帨升，奉諸妣神主亦如之，其祔位則子弟一人奉之，既畢，主人以下皆降復位。眾人就定位，主人搢笏焚香，出笏告曰眾先祖神主出就正寢，將正位祔位各置一笥捧出，至正寢，置於西階桌子上，準備就位享祭。

（五）參神。

主人以下敘立如祠堂之儀。立定再拜。若尊長老疾者休於它所。進行參神儀節，等待神靈降臨。

（六）降神。

主人升，搢笏焚香，出笏，少退立，執事者一人開酒，取巾拭瓶口，實酒於注，一人取東階卓上盤盞，立於主人之左，一人執注立於主人之右，主人搢笏跪，奉盤盞者亦跪，進盤盞，主人受之，執注者亦跪斟酒於盞，主人左手執盤，右手執盞，灌於茅上，以盤盞授執事者，出笏，俛伏興，再拜，降，復位。主人將酒灌於茅上，完成降神儀式。

（七）進饌。

主人升，主婦從之。執事者一人以盤奉魚肉，一人以盤奉米麵食，一人以盤奉羹飯從升。至高祖位前，主人搢笏，奉肉奠於盤盞之南，主婦奉麵食奠於肉西，主人奉魚奠於醋碟之南，主婦奉米食奠於魚東，主人奉羹奠於醋碟之東，主婦奉飯奠於盤之西。主人出笏，以次設諸正位。使諸子弟婦女各設祔位，皆畢，主人以下皆降，復位。主人與主婦於高祖位前進奉準備之食物。

（八）初獻。

主人升謂高祖位前，執事者一人執酒注，立於其右，主人搢笏，奉高祖考盤盞位前，東向立，執事者西向，斟酒於盞。主人奉之，奠於故處。次奉高祖批盤盞，亦如之。出笏，位前北向立，執事者二人，奉高祖考妣盤盞立於主人之左右，主人搢笏，跪，執事者亦跪。主人受高祖考盤盞，右手取盞，祭之茅上。以盤盞授執事者，反之故處。受高祖妣盤盞，亦如之。出笏，俛伏興，少退立。執事者炙肝於爐，以碟盛之，兄弟之長一人奉之，奠於高祖考妣前，匙筯之南。視取版立主人之左，跪讀曰。維年歲月朔日子，孝元孫某官某，敢昭告於皇高祖考某官府君，皇高祖妣某封某氏，氣序流易，時維仲春。追感歲時，不勝永慕。敢以潔牲柔毛粢盛醴齊祗薦歲事，以某親某官府君，某親某封某氏祔食，尙饗。畢，興，主人再拜，退詣諸位。獻祝如初。每逐位讀祝。畢，即兄弟眾男之不爲亞終獻者以次分詣本位所祔之位，酌獻如儀，但不讀祝。獻畢，皆降復位，執事者以它器撤酒及肝，置盞故處。爲三獻禮之第一獻，主人立於高祖位前獻酒，讀祝，兄弟眾男之不爲亞、終獻者，酌獻如儀，但不讀祝。

（九）亞獻。

主婦爲之，諸婦女奉炙肉，及分獻，如初獻儀，但不讀祝。爲三獻禮之第二獻，由主婦獻之，諸婦女亦參與之，儀式如初獻，但不讀祝文。

（十）終獻。

兄弟之長或長男或親賓爲之，眾子弟奉炙肉，及分獻，如亞獻儀。爲三獻禮之第三獻，由兄弟之長或長男或親賓獻之，眾子弟參與之。

（十一）侑食。

主人升，搢笏，執注就斟。諸位之酒皆滿，立於香案之東南。主婦升，扱匙飯中，西柄，正筯，立於香案之西南，皆北向。再拜，降，復位。主人斟酒，主婦放置飯匙於飯鍋中，將筷子擺好，表示向神靈、祖先勸食之意。

（十二）闔門。

主人以下皆出，祝闔門，無門處即降簾可也。主人立於門東，西向，眾丈夫在其後。主婦立於門西東向，眾婦女在其後，如有尊長則少休於他所，此所謂厭也。將祭祀處所之門關閉，眾人皆出，立於門外，想像祖先們正在裡面享用祭品。尊長者在一旁稍歇，即所謂「厭」之儀節。

（十三）啟門。

祝聲三噫歆乃啟門，主人以下皆入，其尊長先休於它所者亦入就位，主人主婦奉茶分進於考妣之前，祔位使諸子弟婦女進之。祝先在門外發出三次聲響，表示即將開啟祭祀處所之門，門開啟之後眾人一一進入，以便繼續進行祭祀。

（十四）受胙。

執事者設席於香案前。主人就席北面。祝詣高祖考前，舉酒盤盞詣主人之右。主人跪，祝亦跪。主人搢笏受盤盞，祭酒，啐酒。祝取匙并盤，抄取諸位之飯各少許，奉以詣主人之左，嘏於主人曰，祖考命工祝承致多福於汝孝孫，使汝受祿於天，宜稼於田，眉葛永長，勿替引之。主人置酒於席前，出笏，俛伏興，再拜，搢笏。跪受飯，嘗之，實於左袂，掛袂於季指，取酒卒飲。執事者受盞自右置注旁，受飲自左亦如之。主人執笏俛伏，與，立於東階上，西向。祝立於西階上，東向告利成，降復位。與在位者皆再拜，主人不拜，降復位。此儀節指主人代表接受祖先祝福的儀式，飲祭祖之酒，嘗祭祖之飯，並唸一段嘏辭，以祝福主人。

（十五）辭神。

主人以下皆再拜。祭祀本身已完成，乃進行辭神的儀節。

（十六）納主。

主人主婦皆升，各奉主納於櫝，主人以笥斂櫝，奉歸祠堂，如來儀。將神主納入櫝中，以笥器盛放，歸於原位。

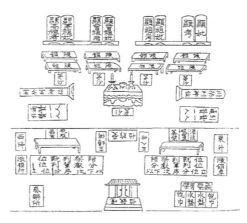

（十七）徹。

主婦還監徹，酒之在盞注它器中者皆入於瓶，緘封之，所謂福酒。果蔬肉食並傳於燕器，主婦監滌祭器而藏之。將所有物品撤除，清洗乾淨並加以收藏。

圖二：《朱子家禮》正寢時祭圖

（十八）餕。

是日主人監分祭胙品，取少許置於合，并酒皆封之，遣僕執書歸胙於親

友，遂設席。男女異處，尊行自爲一列，南面。自堂中東西分首，若止一人則當中而坐，其餘以次相對，分東西向。尊者一人先就坐，眾男敘立，世爲一行，以東爲上，皆再拜。子弟之長者一人少進，立，執事者一人，執注立於其右，一人執盤盞立於其左。獻者搢笏跪，受注斟酒，反注受盞，祝曰，祀事已成，祖考嘉饗，伏願某親，備膺五福，保族宜家。授執盞者置於尊者之前，長者出笏，尊者舉酒，畢。長者俛伏興，退復位，與眾男皆再拜。尊者命取注及長者之盞，置於前，自斟之，祝曰。祀事既成，五福之慶，與汝曹共之。命執事者以次就位，斟酒皆徧，長者進跪受飲，畢，俛伏興，退立。眾男進揖，退，立飲，長者與眾男皆再拜。諸婦女獻女尊長於內，如眾男之儀，但不跪。既畢，乃就坐，薦肉食。諸婦女詣堂前獻男尊長壽，男尊長酢之如儀。眾男詣中堂獻女尊長壽，女尊長酢之如儀，乃就坐。薦麵食，內外執事者各獻內外尊長壽如儀而不酢，遂就斟在坐者徧。俟皆舉，乃再拜退，遂薦米食，然後泛行酒。間以祭饌，酒饌不足則以它酒它饌益之。將罷，主人頒胙於外僕，主婦頒胙於內執事者，徧及微賤，其日皆盡，受者皆再拜乃徹席。主人監督將胙品分成數份，以便筵席終了讓眾親友帶回，讓人人均享有祖先的賜福。同時將祖先享用過的酒與祭品分享諸族人，由尊至卑，由男至女，互相祝福，以收到振宗收族敦厚親情之效。

二、古今異同

（一）就祭品而言

1. 飲食性祭品

（1）牲：或羊或豕或雞鵝鴨。

（2）醴：酒涬無則用酒代之。

（3）果：主婦帥眾婦女具饌，每位果六品。

（4）菜：菜蔬每位各三品。

（5）醬：

（6）醋：

（7）麵：

（8）米粉：

（9）茶：

（10）粢：

（11）魚：每位各一盤。

（12）脯：每位各三品。

（13）醢：

（14）鹽：每位各三品。

　　「果六品、菜蔬脯醢各三品、肉魚饅頭糕各一盤、羹飯各一碗、肉

　　二串」〔註28〕。

除此之外《家禮》在「厥明，夙興，設蔬果酒饌。」還提到的祭品有肝。飲

料類則有酒和玄酒。

　　兩相對照，張廖家準備的水果僅五項，較《家禮》少一品，而《家禮》

列有菜蔬脯鹽各三品，張廖家有菜湯，三素碗（實際上僅有二素碗）、五齋、

五葷（實際上僅有二葷碗）；五葷應即是《家禮》中所謂的脯醢項目；《家禮》

中肉、魚、饅頭各一盤，張廖家祭品中未見饅頭，倒有紅龜；《家禮》記載需

羹、飯各一碗，而張廖家並無羹；《家禮》提及肝一串、肉二串，張廖家擺有

三牲（豬肉、雞、魷魚）、五牲（豬前腿、雞、魷魚、香腸、蛋）。

　　2. 功能性祭品

　　（1）香：香爐、香環。

　　（2）燭：

　　（3）杯筊：筊日時，即用到。

　　與崇遠堂相較《家禮》並無提及有用到金銀紙，前已提及金銀紙的使用

起源在隋朝，唐朝時期亦非常盛行，因此到了宋朝無絕跡之理，況且宋朝時

期許多文學作品中也有不少相關記載，所以筆者認為《家禮》應是視祭祖之

時焚燒金銀紙為當然耳，所以並未加以註記，非祭祖儀節中無焚燒金銀紙。

至於炮的功用為祛邪慶賀，因此在祭祀儀節完成之後，均會鳴炮慶賀，但《家

禮》並無用炮的記載。

　　以下將祭品部份以表格整理，區分崇遠堂祭祖與《文公家禮·四時祭》

之異同。

〔註28〕〔宋〕朱熹：《文公家禮儀節》卷七（明正德戊寅十三年常州重刊本，〔明〕

　　　　邱濬重編），頁9。

表一：崇遠堂祭祖與《文公家禮·四時祭》祭品之異同

項目	《文公家禮·四時祭》	崇遠堂祭祖
祭品	厥明，夙興，設蔬果酒饌。每位果六品、菜蔬脯鹽各三品、肉魚饅頭糕各一盤、羹飯各一碗、肝一串、肉二串（凡祭主盡愛敬之誠而已，貧則稱家之有無，疾則量筋力而行之，財力可及者自當如儀）	五果、菜蔬，有肉有魚、豬肝、牲禮肉、紅龜、白飯、五齋、三葷碗（兩碗）、三素碗（兩碗）、三碗餅、三牲、五牲
盥洗物	盥盆、帨巾	盥盆、毛巾
飲品	酒、玄酒	清茶、清酒

3. 服飾

《文公家禮·四時祭》在服飾方面提到主人盛服、深衣；而其他與會者盛服。與崇遠堂同樣以盛服來參與祭祖活動。

4. 禮器

- 倚（椅）：正位每位二張，祔位隨用或用凳子亦可。
- 卓子（桌子）：正面共四桌，祔位用二長者，其餘雜用者隨備。
- 楪子（碟子）：每桌二十個，又量用小者以盛鹽、醋之類。
- 湯碗：量多少用。
- 爵：每主三個，無則以鍾子代之。
- 盞：兩祔位用。
- 酒注
- 酒尊
- 玄酒尊
- 受胙盤
- 饌盤：用以盛饌者。
- 匙
- 箸
- 茶甌
- 茶瓶

- 牲盤：有大牲則用之。

- 火爐

- 湯瓶

- 托盤

- 盥盆

- 帨巾：二付一有臺架。

- 幎：無門則用之。

- 香案

- 香爐並匙。

- 燭臺

- 臺盤

- 茅沙：束茅聚沙，每位及香案前共五付。

- 祝版

　　《文公家禮‧四時祭》文中詳明記載使用之禮器，其備與崇遠堂祭祖之七桌、無椅、盛酒杯、茶杯、牲禮盤、碗、筷子、盤子、臉盆、臉盆架、淨爐、燭臺相較其實差異不大，較特殊者僅祝版，崇遠堂祭祖之時由「通」和

「引」兩位禮生主導，兩人皆是扮演多年，因此經驗熟練並無持祝版。至於茅沙《文公家禮‧四時祭》需備五付，崇遠堂則僅備一付，僅做一回將酒灌於茅上以降神。《文公家禮‧四時祭》中提到幎的使用，因崇遠堂之神龕皆為透明之玻璃門，因此也無啟門或是揭簾幕的動作，所以自然不必用到幎。

（二）就祭儀而言

1. 位次

　　《文公家禮‧四時祭》位次排列如右圖，重點放在主人、主婦與貴賓，此三者須完成三獻禮節，因此位次有所轉換，在

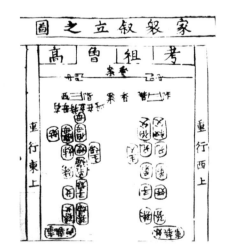

圖三：《文公家禮‧四時祭》位次排列圖

資料來源：《文公家禮儀節》卷一，
通圖，頁四十二

行禮如儀之際由祝引導完成各儀節。崇遠堂祭祖則較簡單，主角僅一位（主祭者），其位次居中，並無須與他人更動位置，僅在桌次間移動，但仍由「引」協助其完成祭祀禮節。

2. 儀節

（1）祭祖前

儀式舉行之前三天，《文公家禮・四時祭》規定：擇日；前三日齋戒；前一日設位陳器。省牲、滌器、具饌。

崇遠堂祭日訂在正月十一日（廖元子忌辰）、九月初九（九月爲元子生辰月，但生日不詳，取九日爲重陽佳節），舉辦春秋二祭。日期是固定的，並無如《家禮》所記載需要擇日。齋戒之事更是不存在，祭典之前宗親會和育英會事先召開會議，邀請各地族親與會，並列出七崁地區參加之委員（每四年選一次，此次擔任之委員爲 94 年選出的）。至於各項事宜準備則各司其職，通常工作是世代相傳，子承父職。尤其是禮生的工作，小孩在家長身邊，耳濡目染，加上目前願意學習的年輕人愈來愈少，只好拱出父執輩即擔任職務的子弟承其業，繼續爲祖廟服務。

據筆者所見，當日一早，總幹事廖宗仁及管理員廖世民一大早即忙進忙出，管理員將所採買之物品一一歸定位，緊接著禮生及族親紛紛到達，由於參與的禮生（此次 95 年秋季祭祖大典禮生有六人：通：廖世泉、引：廖華、讀祝者：廖萬鄉、其餘三位協助者爲廖貴會、廖偉君、廖啓存）大多是老經驗，因此又將桌上的祭品挪挪擺擺，疏漏的趕緊補上，才完成物品就定位的工作。

祭祖儀式前《文公家禮・四時祭》所規定的動作，並未在崇遠堂祭祖時採用。

（2）祭祖時

● 主祭者

崇遠堂祭祖時，僅有一位主祭（宗親會理事長，今年理事長廖宜憲因右手受傷無法擔任主祭者，則由常務理事廖天章擔任主祭者。）而《文公家禮・四時祭》所定的主祭者是宗子，但在亞獻時，「由主婦爲之」，終獻由「兄弟長或長男或賓爲之」。現今的張廖家族由福建省遷居來臺時，並非整個家族遷移，只有幾房因生活艱困或是看上臺灣這塊富饒之地，想要遠渡他鄉尋求更好的發展，因此遷居之時宗子並未來臺，再者建立始祖廟之際，也是由居住

於七崁處的房派組織興建（詳見第二章），因此主祭者的選擇，當然必須因應現實的社會狀況，由張廖家族組織而成的育英會和張廖宗親會來決選主祭者。這也是和《文公家禮·四時祭》的規定有相當大的差異處。當然另一相異處為張廖家廟參與者大多為男性，婦女僅是少數，通常婦女擔任的角色為事前準備者和善後者，在整個祭祖活動中幾乎談不上正式的參與，行三獻禮過程中皆由主祭者獨立完成初獻、亞獻和終獻，這與《文公家禮·四時祭》中不但出現兄弟長、長男、賓，婦女（主婦）也佔有其中一個重要的角色。就現今性別平等角度來看，反倒是《文公家禮·四時祭》較符合現今性別平等的觀念。當然筆者於此臆測，一來崇遠堂祭祖者眾，宗子並未參與，其他人在民主平等的觀念中認為大家地位均等。再者以經濟能力掛帥的臺灣，序位好似不再那麼重要，只要能提供多一些資金者地位顯然會高些。三者臺灣教育雖漸漸提倡性別平等，但以男為尊的觀念並未真正拔除，因此尚有眾多男士無法參與祭祀過程，更遑論婦女了。張廖家廟如此進行著祭祖儀式，想必也是因為社會環境的種種因素慢慢塑造出來而定型。

● 迎神

張廖家廟在三獻禮之前，與《文公家禮·四時祭》相同，都有降神動作，其儀式為「灌酒於茅上」，其斟酒儀式必須在桌下，而後再將酒灌於桌下所擺之茅上，完成降神的禮節，亦即請祖靈來享之意。

● 神主

張廖家廟中的神主牌位是長年放置在神龕中，非祭拜時，有拉門式玻璃窗闔上，行祭祖典禮時並無動到神龕。而《文公家禮·四時祭》的神主是放在櫝中，必須有一道奉主（請神主出櫝就正寢的儀式）儀式，是不同的。

（3）三獻禮終

禮成之後，燒紙錢、放鞭炮，工作人員將祭品收起，詢問禮生廖萬鄉祭品如何處理，他解釋到，因為祭品（共計七份牲體、果品、五齋）皆是由公費所支付購買，因此將這些祭品分與主事者、理事長、禮生……等等，並無分送給各族親。這與《文公家禮·四時祭》的「餕」，是相同的舉動，只是因數量不多無法普及眾人，只好分與較辛苦的工作人員。在祭祖活動結束之後還有一些時間，因此就舉辦座談會，由理事長介紹各地來參與的宗親，大家互相交換意見和心得，互相成長。接著是「食公」，由於儀式結束也近中午，育英會事先已算好參加的代表委員人數，加上遠道族人的人數，在崇遠堂的

會議廳中辦桌，大家利用這個難得的機會閒話家常。現將上述《文公家禮‧四時祭》與張廖家廟的祭禮儀式的說明，以下表條列顯現出來：

表二：《文公家禮‧四時祭》與張廖家廟的祭禮儀式比較表

	《家禮》	崇遠堂
擇日	用卜	無（按既定日期）
地點	祠堂	家廟
主祭者	主人（宗子）	張廖宗親會理事長或育英會會長
祭日前三日	齋戒	無
前一日	前一日設位陳器，省牲，滌器，具饌。	祭祀前幾日陸續採買祭品當日一早設位陳器
奉主、參神	奉主、參神、降神，灌酒於茅。	無奉主有參神、降神酹酒、迎神
進饌	有	有
三獻禮	初獻（主人爲之）	初獻（主祭者爲之）
	亞獻（主婦爲之）	亞獻（主祭者爲之）
	終獻（兄弟長或長男或賓爲之）	終獻（主祭者爲之）
獻禮終侑食	有	有
闔門（無門則降簾）、啓門	有	無
受胙	有	無
告利成	有	有，燒祭文、財帛、紙錢、放鞭炮、行謝禮
餕	有辭神、納主、徹、餕	禮成、「食公」（同養意）

（三）就祭義而言

　　宋朝科舉士大夫致力於家禮之修撰，一方面盼能獲取中古門第之社會地位，二來盼能挽救日益低俗的社會民風，而《文公家禮》在如此背景下形成，其禮典儀式進而普遍流傳在民間社會，成爲中國民間社會行禮的依據，在此情境下民眾對於祭祖是想要維持古代社會禮法，仍有受束縛的感覺，儀式一

定要辦，但繁簡可自行斟酌。與現代崇遠堂祭祖相較，舉辦祭祖活動是出於本心，無較多的社會體制規定，是族人們自動自發爲追思祖先而舉行的儀式，《文公家禮・四時祭》各方面應是較崇遠堂祭祖更爲完整和接近古禮，但追思祖先的心意可能是一致或更甚之，在無社會壓力之下仍能持續至今，可說是相當珍貴難得。

第三節　崇遠堂祭祖與臺中承祜堂祭祖比較

目前廖姓爲臺灣第十八大姓，祖籍地在福建省潭州府紹安縣官陂藍田樓，廖姓全台以二崙、西螺最多，台中市則集中在西屯〔俗稱西大墩街〕、港尾一帶。關於日後張廖家族之清武堂派，因子孫越來越旺茂，計有日盛、日裕、日旺、日亮、天賦、天與、分享等派。今西屯之張廖家族屬於「天與派」。〔註29〕

張廖家廟，俗稱廖公廳、廖祖厝或天與公祠，因以「承祜」爲號，故亦稱承祜堂。又因以六世祖天與公忌辰農曆九月二十日舉行祭拜，故也有稱爲二十公。清光緒十二年（公元 1886 年），廖登渭爲愼終追遠，敦睦宗族，乃提議興建家廟，而後廖國治、廖建三率族人熱烈響應，捐獻田產錢財，並推派該三人負責管理公業田租。宣統元年（公元 1909 年）興建張廖家廟，宣統三年（公元 1911 年）祠廟落成。嗣後繼續於週遭建左右護龍及圍屋，至民國五年（公元 1916 年）全部完成。

張廖家廟是由三川殿、左右護龍及二個山門連接，形成一格局頗爲壯闊的長形立面，由空中鳥瞰，可發現三川殿透過二條過水廊，連上拜殿、正殿，形成封閉性的空間，此空間於祭祀儀典時，正可顯現其神聖性。因張廖家廟因年久失修，屋頂、樑柱及內外牆壁嚴重損壞，台中市政府於民國七十九年三月開始分三期進行修護工程，至民國八十三年八月全部竣工完成，總工程費新台幣 2600 萬元。

張廖家廟內有三大房：

（1）天與公：由居住墩仔頂及火房裔孫組成，管理人廖金財，負責春祭。

（2）天宇公：由居住湳仔裔孫組成，管理人廖述培，負責夏祭。

〔註29〕以上關於承祜堂祭祖大典種種資料，乃引用自郭文涓：〈家廟祭祖研究——以臺中市張廖家廟爲例〉（臺中市：國立中興大學中國文學系，2003 年）。

（3）天興公：由居住上石碑裔孫組成，管理人廖德懷，負責冬祭。

張廖家廟之祭祖活動，每年分四季舉辦祭典，即春分、夏至、秋分、冬至等四次，其間之春、夏、冬等三季，係由三大房輪值，而秋祭則爲合辦，由三大房共同負責，並以六世祖天興公忌辰農曆九月二十日舉行祭拜，敬祀天興公，各房子孫均來參加。〔註30〕

一、祭儀

張廖家廟（承祐堂）三獻禮程序（主事者宣佈祭典開始）

1、通：台中西屯　承祐堂　張廖家廟　秋祭大典　典禮開始　擂鼓三通　鳴金三點　響號　開花炮　奏大樂　奏小樂　執事者各執其事　主祭者就位　陪祭者就位。

2、通：行盥洗禮，請主祭者至盥洗所，肅立盥洗。

引（唱）：請主祭者至盥洗所，肅立盥洗。

通：禮圓復位。

3、通：行迎神禮　跪　一叩首　再叩首　三叩首　禮畢起身

主祭者行於迎神禮；與祭者面皆朝外迎神。

引（唱）：請主祭者行至承祐堂外庭（三川殿前簷），行迎神禮，恭迎承祐堂上列祖、祖妣，進堂受祀。

通：上香　再上香　三上馨香　復位。

通：行三跪九叩禮（同上），禮圓平身。

4、通：行上香禮，請主祭者行於上香禮。

引（唱）：請主祭者行於承祐堂列祖、祖妣祿位案前，行上香禮。

通：進香　上香　再上香　三上馨香　跪。

一叩首　再叩首　三叩首　禮圓平身　復位。

引（唱）：請主祭者回到主祭位。

5、通：行初獻禮　跪　一叩首　再叩首　三叩首　平身　行於初獻禮。

引（唱）：請主祭者行於承祐堂列祖祖妣祿位案前，行初獻禮。

通：跪　進（獻）清茶

〔註30〕張元愷：〈台中市西屯區張廖兩大姓及其祖厝〉《臺灣張廖簡宗親全國總會特刊》（2003年7月27日）。

進爵（執事者開醒酌酒）獻酒　再進（獻）酒　三進（獻）酒

進（獻）饌　進（獻）剛鬣　進（獻）柔毛

平身　復跪　一叩首　再叩首　三叩首　禮圓平身　復位。

引（唱）：請主祭者回到主祭位。

6、通：行讀祭禮　跪　一叩首　再叩首　三叩首　平身　行於讀祭

　　禮。

引（唱）：請主祭者，行於承祐堂列祖、祖妣香案前，行讀祭禮。

通：讀祭者就位　跪　開讀祭文（見下附錄）

叩遙首（即三跪九叩禮）　禮圓平身　復位。

7、通：行亞獻禮　跪　一叩首　再叩首　三叩首平身　行於亞獻禮。

引（唱）：請主祭者行於承祐堂列祖、祖妣祿位案前，行亞獻禮。

通：跪　進爵　執事者開醒酌酒　獻酒　再進（獻）酒　三進（獻）

　　酒

進（獻）饌　進（獻）麵龜　進（獻）糕品　平身　復跪

一叩首　再叩首　三叩首　禮圓平身　復位。

引（唱）：請主祭者回到主祭立。

8、通：行終獻禮　跪　一叩首　再叩首　三叩首　平身　行於終獻

　　禮。

引（唱）：請主祭者行於承祐堂列祖、祖妣祿位案前，行終獻禮。

通：跪　進爵　執事者開醒酌酒　獻酒　再進（獻）酒　三進（獻）

　　酒

進（獻）饌　進（獻）麵龜　進（獻）糕品　進（獻）壽桃　進

（獻）財帛

進（獻）金銀財寶　進（獻）三牲　進（獻）五牲　平身　跪

一叩首　再叩首　三叩首　禮圓平身　復位。

引（唱）：請主祭者回到主祭位。

通：跪　一叩首　再叩首　三叩首　三獻禮圓　平身。

主祭者讓位，陪祭者就主祭位，準備行分獻禮。

9、通：行分獻禮　跪　一叩首　再叩首　三叩首　平身　行於分獻

　　禮。

引（唱）：陪祭者行於承祐堂列祖、祖妣祿位案前，行分獻禮。

通：進香　上香　再上香　三上馨香　跪　進（獻）清茶　進（獻）
　　香花　進（獻）淨果　進爵　執事者開醒酌酒　獻酒　再（獻）
　　進酒　三進（獻）酒　進（獻）饌　進（獻）麵龜　進（獻）
　　糕品　進（獻）壽桃　進（獻）三牲　進（獻）剛鬣　進（獻）
　　柔毛　進（獻）財帛　進（獻）金銀財寶　平身　復跪
一叩首　再叩首　三叩首　平身　復位。

引（唱）：請陪祭者回到主祭位。

通：跪　一叩首　再叩首　三叩首　分獻禮圓　平身　回陪祭
　　位。

10、通：行飲福受胙禮　主祭者再就位　跪　一叩首　再叩首　三叩
　　首　平身
行於飲福受胙禮。

引（唱）：主祭者行於承祐堂列祖、祖妣香案前，行飲福受胙禮。

通：跪　進爵　執事者開醒酌酒　獻酒　再進（獻）酒　三進（獻）
　　酒　飲福酒進（獻）胙肉　食胙肉　平身復跪　一叩首　再
　　叩首　三叩首　禮圓平身　復位。

引（唱）：請主祭者回到主祭位。

11、通：主祭者行謝胙禮。
　　跪　一叩首　再叩首　三叩首　謝胙禮圓　平身。

12、通：三獻禮圓　主祭者讓位　陪祭者亦讓位　化財寶　執事焚祝文
　　執事者以下奉香參拜　小樂止　奏大樂（摳鐘、擂鼓　扮演八仙）
　　（與祭者上香參拜，主事者宣佈事情，休息片刻。）

13、通：行望燎禮　大樂止　奏小樂　主祭者陪祭者再就位　執事者各執其
　　事　跪
　　一叩首　再叩首　三叩首　平身（主祭者行於望燎禮，與祭者面
　　向堂外。）

引（唱）：請主祭者行於望燎禮。（禮生送酒給主祭者，主祭者將
　　酒澆在金爐內）

通：復位　跪　一叩首　再叩首　三叩首　禮圓平身。

14、通：行送神禮　跪　一叩首　再叩首　三叩首　平身行於送神禮。

　　引（唱）：請主祭者行於送神禮。（在三川殿前簷）

　　通：送神　鞠躬　跪　行三跪九叩禮（同上），禮圓平身　復位。

　　引（唱）：請主祭者回到主祭位。

　　跪　一叩首　再叩首　三叩首　平身退位。

　　通：三獻禮成　鳴炮　撤饌　互道恭禧（炮用聯炮）

　　添丁晉祿　學子登科　士農工商　財利廣進　家安宅寧　福壽綿長

二、說明

（一）承祐堂主祀六世祖諱天與公，爲四季祭；春季用春分日。由天與公派
　　　下主祭，夏季取夏至日，由天宇派下主祭；秋祭選天與公生日（農曆
　　　九月二十日），三派共行大典；冬季歸農曆十一月初三日，由天興派下
　　　主祭；三派名稱之異，乃與字之口誤筆誤造成。

（二）各派自擁蒸田，蒸田所得爲祭祀所需，典後將福胙分享後裔。

（三）祭典須設司儀一人（稱通），導引一人（稱引），主祭者一位，陪祭者
　　　三位，禮生四人；並禮樂一團。

（四）各派各舉德高望眾者爲主祭，秋祭由三派輪流執之。

（五）獻禮葷素時饌如下：

　1. 剛鬣（全豬），柔毛（全羊）。（天與祖爲明經進士，因此可享全豬，全
　　　羊，五牲獻禮。）

　2. 五牲（熟豬肉、鵝、雞、魚、豆干），三牲（熟豬肉、雞、魚）。

　3. 食饌（煮熟食物），酒。

　4. 麵龜、糕品、壽桃、壽麵、清茶、香花、淨果。

　5. 財帛（壽金、四方金），金銀財寶。（金元寶類物）。

　6. 香、燭、禮炮。

三、行儀註解

（一）以下稱「通」，爲司儀；「引」爲導引；引的後面加註（唱），意即
　　　導引主祭者就位外，還需復誦司儀的話。導引引導主祭者就獻禮
　　　位時，由龍邊進階，虎邊下階。

（二）以下稱「行三跪九叩禮」或「叩遙首」時，導引需唱（今由司儀唱之）：

（一叩首　再叩首　三叩首　起　跪　四叩首　五叩首　六叩首　起　跪　七叩首　八叩首　萬萬叩首）。（稱三跪九叩，每三叩，必須起立一次。）

（三）司儀稱：「進清茶」，左禮生取清茶，交與主祭者；司儀稱：「獻清茶」，主祭者應將清茶端到與眉同高的最敬禮，然後才交由右禮生置於供桌上；餘進獻饌、財寶等禮同此。

（四）進（獻）酒：進獻酒有三獻，左禮生依中、龍、虎順序，取桌上酒杯交與主祭者；司儀唱：「進酒」，右禮生斟酒入杯；司儀唱：「獻酒」，主祭者將酒杯舉高至眉齊之最敬禮，然後轉交給左禮生，呈供案上。

（五）使用古文之註解：

「醴」漢音題，義爲美酒。　　　　「酌」漢音燭，義爲注入。

「豵」漢音獵，義爲硬毛的豬隻。　「焰」音轉，義爲煮熟食物。

「爵」漢音雀，義爲酒杯。　　　　「胙」漢音做，義爲祭祀過的肉。

「厥」漢音缺，義爲他的。　　　　「繩」漢音營，爲無形之引導提攜。

「蹌蹌濟濟」漢音昌昌齊齊，形容踴躍參與，人才眾多。

（六）澆地禮（望燎禮）：祭典後，將祭祀用酒倒在地上，稱澆地禮；因有澆地禮，所以行三獻禮儀式時，酒不澆地。

（七）主（陪）祭者，行跪拜禮時，雙手抱拳做揖，然後左足先向前跨半步，屈右足、雙足跪下；下跪時，雙手可頂左膝，使身體平穩，慢慢跪下，後左足與右足齊；（因爲行生辰祭祀禮，比照祝壽禮節，左足先移動，如屬忌辰祭，動作反之。）跪拜頂禮，不必依宗教儀式（雙手翻覆等），雙手著地，手心向下，叩首及地即可。

祭文：

伏　　維

中華民國九十一年　歲次 壬午 月建 庚戌

朔日　丁未 日辰　丙寅 節臨 霜降　適

承祐堂　張廖家廟　秋祭　良辰

聰熹

主祭裔孫　張德東　陪祭裔孫　張朝臣　暨

木城

嗣内眾裔孫等　謹以　剛鬣柔毛　犧牲饌品　香椿財帛之禮　虔誠

稟祭　於

承祐堂始祖　祖妣　歷代高曾祖考妣

一脈之香座前　告而言曰：

承我列祖　福德無疆　創業垂統　繼述顯揚　箕裘克紹　先緒流芳
振振公族　同列休光是清是武　一派同堂　左昭右穆　秩序孔長
佑啓子孫　厥後克昌　千秋俎豆　萬古馨香茲值秋祭　敬獻酒觴
蹌蹌濟濟　潔爾豚羊　繩共祖武　來格來嘗　光前裕後　在上洋洋
尚　饗

將上述儀式以條列式表示：

先是擂鼓三通，鳴鐘三點，響號，鳴炮，奏樂。

主祭、通、禮生、陪祭就位。

主祭行盥禮及迎神禮（三跪九叩首）。

1、主祭者香案前行上香禮（三拜、跪、進茶、獻茶、進果、進麵龜、進
財帛、財寶、進酌、三獻禮、獻饌、一跪三叩首，復位）。

2、主祭者座前行初獻禮（與1項同，進三牲、五牲、剛鬣柔毛，獻酌三
獻酒、獻饌、一跪三叩首，復位）

3、主祭者香案前行讀祭禮（讓祭者就位，跪，開講祭文「宣讀祭文」，
三跪九叩首，復位）

4、主祭者座前行亞獻禮（跪、進酌三獻禮、獻酌饌，一跪三叩首，復位）

5、主祭者座前行終獻禮（跪、三獻酒、獻酌饌、復位）

6、主祭者讓位，陪祭者香案前行分獻禮（上香、三拜、跪、同1）

7、主祭者再就位

8、主祭者香案前行飲福胙禮（跪、進酌三獻禮、飲福酒、進胙肉、獻胙肉、
食胙肉、獻饌、獻剛鬣、獻柔毛、獻財帛、財寶、一跪三叩首，復位）

9、主祭者讓位、陪祭者讓位，族人奉香敬拜（小樂止、奏「辦仙」）

10、主祭者再就位，陪祭者再就位，族人各司其職

11、主祭者行望燎禮（復位）

12、主祭者行送神禮（三跪九叩首，復位）

13、禮成，徹班，各派下子孫上香。

14、詣燎所（大庭院）焚財帛、金紙。中午「食公」〔註31〕

四、崇遠堂和承祐堂祭祖異同

（一）就祭品而言

1. **飲食性祭品**：承祐堂祭祖時飲食性祭品如下：

（1）剛鬛（全豬），柔毛（全羊）。（天與祖爲明經進士，因此可享全豬，全羊，五牲獻禮。）

（2）五牲（熟豬肉、鵝、雞、魚、豆干），三牲（熟豬肉、雞、魚）。

（3）食饌（煮熟食物），酒。

（4）麵龜、糕品、壽桃、壽麵、清茶、香花、淨果。

就飲食性祭品而言，承祐堂的天與公享有剛鬛（全豬），柔毛（全羊）。這是和崇遠堂有相當大的差別，因爲天與公爲明經進士，有功名在身，因此可享全豬、全羊的五牲獻禮。其餘大致看來大同小異。

2. **功能性祭品**

承祐堂所準備的功能性祭品有：

（1）財帛（壽金、四方金），金銀財寶（金元寶類物）。

（2）香、燭、禮炮。

就功能性祭品而言：崇遠堂和承祐堂所準備的應是相近的物品，較特殊的是崇遠堂有準備茅草，置於香案下，除了降神酹酒功用外，禮生廖華有所解釋，因爲茅草根善鑽研、增生，意味後代子孫如此植物不斷繁衍擴大，綿延不絕。

〔註31〕分餐卷至附近餐館自行用餐。

（二）就祭儀而言

1. 祭祖日

崇遠堂祭日訂在正月十一日（廖元子忌辰）、九月初九（九月為元子生辰月，但生日不詳，取九日為重陽佳節），日期是固定的，舉辦春秋二祭。而承祐堂之祭祖活動，每年分四季舉辦祭典，即春分、夏至、秋分、冬至等四次。就次數而言，承祐堂較崇遠堂多出兩次。而且訂定祭祀日期來說：承祐堂較遵守古禮進行所謂的四時祭；崇遠堂則依照元子公的生、忌辰來進行。

2. 祭祖時

（1）主祭者

崇遠堂祭祖時，僅有一位主祭（宗親會理事長與育英會理事長輪流），並無陪祭人員。而承祐堂則有一位主祭者，三位陪祭者，全是男性。崇遠堂已經登記為財團法人（財團法人廖元子公育英會），並且成立宗親會（張廖姓宗親會），組織結構和傳統的祭祀公業大不相同。因應組織的變化體現在祭祖典禮上，也就造成現存的情形，由兩大組織的領導者來輪流擔任主祭者。至於承祐堂仍然保留傳統的祭祀公業型態，因為承祐堂採四時（春、夏、秋、冬）祭祀，平時（春、夏、冬祭）由三大房輪流負責。秋祭則由三大房共同負責，一人主祭，三人陪祭。

（2）迎神

崇遠堂和承祐堂在三獻禮之前，都有一個迎神的動作。但崇遠堂是將酒灌於茅上「開醒提壺酌酒。降神酹酒。」並非如承祐堂的儀節，主祭者走到家廟外，執香叩首遙請遠祖之靈來享（降神酹酒）。

（3）神主

崇遠堂和承祐堂的神主牌位是長年放置在神龕中，崇遠堂即使在祭祖之時玻璃窗仍然是闔上的，與承祐堂祭祀時拉開玻璃窗，非祭拜時有拉門式玻璃窗闔上，是有差異的。

3. 三獻禮終

禮成之後，放鞭炮、燒紙錢之後，崇遠堂和承祐堂族親皆有將祭品（侑食）取回，是相同的舉動。接著是「食公」，由於儀式結束也近中午，育英會事先已算好參加的代表委員人數，加上遠道族人的人數（宗親會的人員需事先通知），在崇遠堂的廣場上辦桌，大家利用這個難得的機會閒話家常。而承

祜堂「食公」的情形則相當特殊，由廖德懷先生分給參與者餐卷，然後族親至附近餐館自行用餐。崇遠堂和承祜堂兩家廟「食公」的形式均和傳統有所差異，崇遠堂改變的原因是因爲組織改變，祭田因政府實施三七五減租而大量消失，剩餘者收入微薄，家廟本身的體系無法負擔如此龐大的開支，因此只好採取代表制，由委員代表參與「食公」，無法讓全體後代子孫同享祖先德澤。承祜堂則因地處熱鬧商區（逢甲大學商圈），加上場地限制和周圍用餐方便，不如各取所需，分開用餐。雖然享用祖先德澤，但卻又少了聯繫親族情感的好機會。兩者各有優劣，皆是因應社會環境變化所採取不得已的變通之道。

（三）就祭義而言

崇遠堂與承祜堂均屬張廖家族，其最大的差異在於崇遠堂主祀張廖開基祖元子公，而承祜堂主祀天與公派開基祖張天與，前者是祭祀開基祖，而後者是小宗祭祖。

第四節　變異原因探討

上述第一節乃是採取比較分析法中「同一物件在不同發展階段的比較」。從同樣是祭祖禮儀，〈特牲饋食禮〉、《朱子家禮・四時祭》所記載的和崇遠堂所實施的，爲什麼會產生一些變異？首先我們必須了解，祭祖活動的儀式本就是在營造一種讓參與者共同感知祭祀對象的存在，興起共同的回憶，感念所受的德澤，進而產生一套有序的期待，省悟自己是家族的一份子，產生自我的認同感。〔註32〕王立文、孫長祥更提到：「從歷史角度來看，禮的內涵有三方面的轉變。最先是宗教的，禮之一字，左邊是神，右邊是俎豆祭物，是對神的一種虔敬和畏懼，故帶有濃厚的宗教性。後來周公制禮，社會生活方式有其擴大和改變，禮的宗教性少了，而含有較多的政治性。再到孔子，來講禮樂，禮中的政治性漸沖淡，而社會意義更加重，禮多已反映到社會各項現實生活方面來。這是中國禮的三階段演變。也就是說自周公制定禮樂制度之後，所謂的『禮治只是政治對於宗教吸收融和以後所產生的一種治體。』《論語・爲政》載『子張問十世可知也。子曰：殷因於夏禮，所損益可知也。周

〔註32〕王立文、孫長祥：〈祭祖儀式意涵之探索〉，《佛教與科學》第六卷第二期（2005年7月），頁55。

因於殷禮，所損益可知也。其或繼周者，雖百世可知也。』換句話說，『禮』經由夏、商、周三代的因襲損益，『禮』的內涵逐漸擴充，以至於將人文世界中的最主要問題盡皆含容，由宗教而政治而社會倫理，終於普及在一般社會人生中，成為包容宗教、政治、社會各層面的道德性的『禮』。〔註 33〕因此〈特牲饋食禮〉、《朱子家禮・四時祭》與崇遠堂祭祖有些堅持也產生一些變化。

一、兩者同樣堅持的理念有：

（一）報本反始：

儒家認為人生應向內在自我尋求人生的肯定，向生命的本源處尋求，向所有現實事物的初始性意義上追索根源，故《禮記・郊特牲》曰：「萬物本乎天，人本乎祖，此所以配上帝也，郊之祭也，大報本反始也。」〔註 34〕《禮記・祭義》說：「君子反古復始，不忘其所由生也，是以致其敬，發其情，竭力從事，以報其親，不敢弗盡也。」〔註 35〕人由父母所生，人存於天地之中，取諸萬物以安生，祭禮的返本報始，即在回報天地父母之德，祭祖儀式的設計用意在「致反始，以厚其本也；致鬼神，以尊上也；致物用，以立民紀也；致義，別上下不悖逆矣；致讓以去爭也。」〔註 36〕人們希望從祭祖活動中，透過虔誠的奉祀，而祈求祖靈庇祐或孝道的實踐，後經轉化更希望透過祭祖活動達到社會教化的功能。祭祖原為「慎終」、「追遠」；「慎終追遠」即是尊敬神，然後效法祖先的懿行美德，其中含有「尋根」的意思。因此《禮記》云：「夫禮者，報本反始，不忘其初也。」即說明祭拜祖先的意義，在於不忘自己的根本，亦即能「吃果子拜樹頭」。《禮記・郊特牲》也提到：「萬物本乎天，人本乎祖，此所以配上帝也。郊之祭也，大報本反始也。」人從祖上而來，無祖即無自身，因此應敬奉祖先。《荀子・禮論》云：「禮有三本，天地者，生之本也。先祖者，類之本也，若師者，治之本也，無天地惡生？無先祖惡出？無君師惡治？三者偏亡焉無安人，故禮上爭天，下爭地，尊先祖而

〔註33〕 同上註，頁 53。
〔註34〕 姜義華注譯，黃俊郎校閱：《新譯禮記讀本》〈郊特牲〉（臺北：三民書局，2000年），頁 370。
〔註35〕 同註 278，〈祭義〉，頁 655。
〔註36〕 同註 278，〈祭義〉，頁 653。

隆君師，是禮之三本也。」〔註37〕更是明白指出「先祖者，類之本也。」因此舉行祭祖活動的根本意義，就是在「報本反始」。

（二）敬宗收族：

凝聚族人向心力除了整個過程隆重的祭祀儀節之外，禮畢後，全體族親共同享用午餐，也是所謂的「食公」活動，應是更能互相進行親情交流、噓寒問暖的聯誼活動。「食公」又稱爲「食祖」，〈特牲饋食禮〉中「筵對席，佐食分簋鉶。……祝命嘗食，養者舉奠許諾，升，入，東面，長兄弟對之，皆坐。……祝曰：『養有以也。』兩養奠舉于俎，許諾，皆荅拜。若是者三。皆取舉，祭食，祭舉，乃食，祭鉶，食舉。……主人升酳，酳上養，上養拜受爵，主人荅拜。酳下養亦如之。主人拜，祝曰：『酳有與也。』如初儀。兩餕執爵拜，祭酒，卒爵，拜。主人荅拜。兩養皆降，實爵于篚。上養洗爵，升酳，酢主人，主人拜受爵。上養即位坐，荅拜。主人坐祭，卒爵，拜。上養荅拜，受爵，降，實于篚。」〔註38〕此儀節乃在說明嗣子（主人之嫡子）與長兄弟在室內對席養尸（代表祖先）所吃過的食物，以嗣子爲上養，以長兄弟爲下養。養是祭禮中，與祭者吃鬼神及尸所吃過的食物之儀節。亦即參與祭祖禰的眾人，大家一起分享已經祭祀過的祭品，降臨的祖靈食用祭品的同時已經將其祝福附著於上，眾人分享祭祀過的祭品也代表分享著祖先的賜福，如同現今所謂的「食公」。

而《朱子家禮‧四時祭》的「餕」亦是相同的意義。「是日……遂設席。……斟酒皆徧，長者進跪受飲，……眾男進揖，退，立飲，長者與眾男皆再拜。諸婦女獻女尊長於內，……薦肉食。諸婦女詣堂前獻男尊長壽，男尊長酢之如儀。眾男詣中堂獻女尊長壽，女尊長酢之如儀，乃就坐。薦麵食，內外執事者各獻內外尊長壽如儀而不酢，遂就斟在坐者徧。」〔註39〕主人將祖先享用過的酒與祭品分享諸族人，由尊至卑，由男至女，互相祝福，以收到振宗收族敦厚親情之效。

崇遠堂祭祖也秉持著古老的傳統，但因崇遠堂祭祖大典中所準備的祭品

〔註37〕〔清〕王先謙：《荀子集解》卷13〈禮論〉（臺北：藝文印書館，1977年2月4版，頁587、588），頁3～4。
〔註38〕顧寶田、鄭淑媛、黃俊郎注譯：《新譯儀禮讀本》（臺北市：三民書局，2002年），頁509。
〔註39〕〔宋〕朱熹：《文公家禮儀節》卷7〈四時祭〉（明正德戊寅十三年常州重刊本，〔明〕邱濬重編），頁14～15。

雖豐盛，除牲體外其他大多崇尚簡單、衛生原則，準備一些餅乾、菜餚，僅
有象徵性的意義，不同於〈特牲饋食禮〉與《朱子家禮‧四時祭》，光是祭品
並無法供應參與者聚餐所需，因此需額外由外燴來準備「食公」之食物。但
在聚餐分享祖先賜福之際所進行的族親感情交流仍是十分熱絡。至於承祜堂
的「食公」形式就顯現出較大的差異，採取至附近配合餐館自行用餐，並無
聚集一處。以上所討論之形式雖有所不同但意義是不變的，完全符合朱熹所
言：「禮有經，有變。經者，常也；變者，常之變也。」〔註40〕儀式只要符合
禮的本質，祭祀形式可因應社會狀況不同而加以變動。

　　中國社會一向以血緣為紐帶組織而成。在宗法制度嚴密的時代，宗子擁
有祭祀自始祖起的祭祖權，其餘的人則沒有這種權利，如要祭始祖只有宗子
能在宗廟中舉行，因此要「敬宗」。大宗以祭祖權和小宗做明顯的區分，地位
崇高，又向小宗進行分封，使小宗因祭祖和受封向大宗靠攏，因而使整個宗
族有凝聚力，這就是「收族」。〔註41〕雖歷經數千年，這古老傳統仍深植人心。
即使在現今的臺灣社會，同姓共居一村落，整個聚落大多是親戚……等等，
均可顯現出「敬宗收族」的觀念普遍在社會中流行，可能不是那麼的顯揚，
但仍隱流在中國傳統的社會秩序中。

　　（三）視死如視生：

　　《論語‧八佾》說：「祭如在，祭神如神在。」意思是，我們祭拜他，
好像祖先就在那裡，先人的精神與我們長相左右。饋食為祭祀之始也，用生
人飲食之道（熟食）來祭祀祖先，如同祖先仍與我常相左右。從祭品來看，
除了豐盛的牲體外，更加上一般性的飲食菜餚，如：羹飯、蔬果……等等。
將祭拜祖先當成祖先降臨，向祖先勸食（侑食）進酒，使之享用子孫所供奉
的食物，如同生前與我們共食、共飲、閒話家常，叨叨絮絮子孫的生活瑣事。
〈祭義〉說：「孝子將祭，慮事不可以不豫。比時具物，不可以不備，虛中
以治之。宮室既修，牆屋既設，百物既備，夫婦齊戒沐浴，盛服奉承而進之。
洞洞乎，屬屬乎，如弗勝，如將失之。其孝敬之心至也與？薦其俎豆，序其
禮樂，備其百官，奉承而進之，於走論其志意，以其惚恍以典神明交，庶或

〔註40〕〔宋〕朱熹：《朱子語錄》卷 85 禮二
　　　　　（資料來源 http://guji.artx.cn/Article/7542_7628.html）。
〔註41〕馮爾康：《中國古代宗族與祠堂》（臺北：臺灣商務印書館，2002 年 5 月，初
　　　　　版二刷），頁 14。

饗之，庶或饗之，孝子之志也。」〔註42〕其實被祭祀的祖先已不在人世，而參與祭祀者在準備祭祀時，卻要「虛中齊戒」心存恭敬，宛如被祭祀者猶存活在當下；盡量的依照其人生前的一切情景條件，再一次安排布置，彷彿其人只是遠遊將返；而在齊戒之日「思其居處，思其笑語，思其志意，思其所樂，思其所嗜」經由回想追憶，讓亡者之神靈在悼念、祭祀者心中重新復活。〔註43〕

　　曾子說：「愼終追遠，民德歸厚。」〔註44〕雖歷經時間的試煉，祭祖的傳統是吾人所不能忘卻的，血濃於水的親情也是不容切割清楚的，因此，不論〈特牲饋食禮〉與《朱子家禮·四時祭》的記載或是崇遠堂的典禮，都傳承著「愼終追遠」、「報本反始」和「視死如視生」的理念，也堅持著這樣的精神來教化後代子孫，使得人人不忘己之出。在行禮如儀中體驗長輩追懷先人、孺慕先人的情操，更進而潛移默化，使宗族中人人心有所向，致力於光宗耀祖，達成「敬宗收族」的理念和目標。

二、古今不同產生變異的有：

（一）祭祀期間的縮短：

　　依〈特牲饋食禮〉與《朱子家禮·四時祭》的記載，祭祖前三日要進行齊戒，更早的一個月就要開始筮日……等等。而因現今社會狀態與當時差異明顯，依照現今工商業社會的型態，人人生活步調匆忙，時間就是金錢，根本無法挪出多餘的空間做這種實質上看起來不是很明顯的事情。所以能在祭祖當日出現參與，就已經是很給面子，甚至是很注重這個活動的表示了。因此祭祖活動是當日舉行，禮畢即又各奔東西，無法像早期人人熱烈參加，久久不想離去的情境。所以祭祀期間的縮短是必然的現象。當然中流砥柱的幹部們，是需要花費較長的時間來進行討論與策劃。（崇遠堂育英會總幹事廖宗仁先生表示：因爲祭祖大典舉行多年，各方面都沒有什麼改變，因此大多遵循以往慣例，也不需要太多事前的準備。）

〔註42〕同註278，〈祭義〉，頁648。
〔註43〕王立文，孫長祥：〈祭祖儀式意涵之探索〉，《佛教與科學》第六卷第二期（2005年7月），頁56。
〔註44〕〔宋〕朱熹集注，〔宋〕趙順孫纂疏：《四書纂疏論語纂疏上》〈學而〉（臺北：文史哲出版社，1986年），頁652。

（二）女性沒有出任第一線工作：

　　所謂同姓不婚，因此家中的婦女大多是外姓，即使是雙廖本家的婦女，也因爲忙於宗族祭祀時之幕後工作，所以並沒有如同〈特牲饋食禮〉與《朱子家禮・四時祭》在進行亞獻時「由主婦爲之」。崇遠堂和承祐堂之祭祖靈魂人物皆爲男性，婦女僅是扮演事前準備和事後善後的角色，因此在整個祭祖活動中幾乎談不上正式的參與，行三獻禮由主祭者獨立完成初獻、亞獻和終獻。所以很明顯可以看出婦女並沒有出任第一線的祭祀工作。

（三）功利思想的深化：

　　呂思勉《中國制度史》認爲周代宗法見於《禮記・大傳》：「別子爲祖，繼別爲宗，繼禰者爲小宗。有百世不遷之宗，有五世則遷之宗。百世不遷者，別子之後也。宗具繼別子之後出者，百世不遷者也。宗其繼高祖之後者，五世則遷者也。」〔註45〕宗法之義有二，其一公子不得禰先君，因而別爲一宗。其二始來在此國者，後世奉以爲祖。宗法確立，則嫡庶之份自然明瞭。

　　錢宗範先生在《周代宗法制度研究》一書中，提出了原始宗法制度的概念，對宗法制度的起源和本質作了如下的表述：「宗法制度的原始形式，就是原始社會末期產生的以父權家長制大家庭爲基礎的氏族和宗族組織的制度。……中國的原始宗法制度可能形成於從原始社會向階級社會過渡的時期。西周春秋時代的宗法制度是從原始宗法制度發展起來的。嫡長子繼承制的產生鞏固了宗法制家族中族長的世襲統治和繼承的地位，同時又爲原始宗法制家族中共財制度的破壞和正式的私有財產的出現開啓了先河，所以嫡長子繼承制的確立是宗法制家族發達和鞏固的標誌。」〔註46〕根據錢宗範先生的表述，我們可以很明確得知嫡長子的繼承權和正統權，宗法制度本身即是保障嫡長子的設計，所有的規範層層疊疊都是以嫡長子的利益出發，一再以血緣紐帶將所有人牽連在一起，最終目的還是以鞏固嫡長子統治權爲標的，因此嫡長子的地位是不容侵犯的。

　　根據宗法制度的規範，主祭者非嫡長子莫屬，但在崇遠堂祭祖活動中，我們知道主祭者近年來均爲張廖姓宗親會之理事長擔任主祭者。於此我們不

〔註45〕呂思勉：《中國制度史》（上海：上海教育出版社，2005 年第二版第一刷），頁216～217。
〔註46〕錢宗範：《周代宗法制度研究》（桂林：廣西師範大學出版社，1989 年），頁1～20。

禁要探討何以如此？當然我們於前有論述崇遠堂爲祭祀張廖始祖元子公，爲一始祖廟，屬合約字祭祀團體〔註 47〕。因爲社會背景特殊，故自十二世祖廖朝孔遷移至臺時並非全族搬遷，再加上時代久遠，子孫各房紛紛開展，已無法追尋嫡長子派下來主持祭祖儀式，因此僅就派下人員推舉而出。再者祭祀公業〔註 48〕改組，將先祖們所捐資之公業轉換成財團法人，財團法人組織當然有別於原來的祭祀公業，因此處理方式也不同於傳統的規範。崇遠堂的興建是由雲林地區的張廖子孫捐資興建，雖然臺灣其他地區也存在著其他的張廖子弟，但因爲資產問題，雖然崇遠堂爲唐山祖開基始廟，現實上是不可能由其他地區人士擔任主祭者，因此由雲林地區張廖傑出人士中遴選一人，或是由宗親會組織、育英會組織推舉一人擔任，亦屬情理之中。當然此種情形的產生其一可能是受到近代民主政體的影響，依據選票，少數服從多數的結果，沿襲了政治上「選賢與能」的觀念。其二大概是由於法律之前人人平等觀念的影響，宗子不再受到特殊的禮遇。根據訪問育英會總幹事廖宗仁先生表示，張廖氏組織有二，一爲育英會，一爲宗親會。崇遠堂有春秋二祭，原本是一組織主祭一次，但近年來育英會董事長（廖介源先生）較謙讓，春秋二祭只要宗親會理事長（廖宜憲先生）願意主祭，自己則願意讓賢。於是產生近年來皆由宗親會董事長擔任主祭者的情形。就宗法制度觀點來看今天崇遠堂的主祭者身分，會產生相當大的質疑。一來完全不符合宗子主祭的現象，二來宗子身分是與生俱來的，怎能謙讓？但由於前述兩項因素而造成古今作法不同。中國傳統宗法制度，劍及履及就是在維護宗子的身分地位，如今因爲資產問題必須將祭祀團體分爲宗親會和育英會，育英會是整個祭祀核心所在，出錢出力。宗親會是拉攏族親情感的管道，目前張廖氏宗親總會在臺北，其餘各地則自行成立宗親會，因此藉著宗親會的脈絡可以追溯，將先人血脈相連的網絡串聯在一起，形成精神上凝聚的堡壘。因此主祭者身分的轉變似乎成了必然的現象。

〔註47〕 戴炎輝把臺灣的祭祀公業組成分爲，鬮分字祭祀團體與合約字祭祀團體兩種。鬮分字祭祀團體是鬮分家產時抽出一部分來作祭祀公業，鬮分時對家產有份的人全部爲派下，而其派下權的份量則照其家產應分額來分配。合約字祭祀團體，乃是向來自同祖籍地的墾民以契約方式共同湊錢而購置田產，派下人僅限於出錢的族人。戴炎輝：〈祭田又是祭祀公業〉《法學協會雜誌》，五四卷十一號，頁 122～123。

〔註48〕 祭祀公業者，係以祭祀祖先爲目的而由享祀者之子孫，或由設立人之子孫所組成並設置獨立財產之家族團體，源於中國大陸之祭田。

　　上述第二節乃是採取比較分析法中「不同物件的比較」。從同樣是現存的
祭祖禮儀，臺中承祐堂的祭祖儀式和雲林崇遠堂的祭祖儀式，有些是相似有
些卻又不同，是什麼原因導致的呢？

一、別子為祖

　　歷來論宗法者，都十分重視《禮記。大傳》中的一段話：

> 別子為祖，繼別為宗，繼禰者為小宗。有百世不遷之宗，有五世則
> 遷之宗。百世不遷者，別子之後也。宗其繼別子者，百世不遷者也。
> 宗其繼高祖者，五世則遷者也。尊祖故敬宗；敬宗，尊祖之義也。

《禮記・喪服小記》所記略同：

> 別子為祖，繼別為宗，繼禰者為小宗。有五世而遷之宗，其繼高祖
> 者也。是故，祖遷于上，宗易於下。尊祖，故敬宗；敬宗，所以尊
> 祖禰也。〔註49〕

所謂別子，是與嫡長子相對而言的。嫡長子以外的諸子應分立出去另成一支，
成為該支始祖，繼承該支的正嫡系統為大宗，非正嫡系統則為小宗。大宗的
始祖始終要祭祀，所以是百世不遷之宗，而且僅能由嫡長子主持祭祀。小宗
祭祀只能及於父、祖父、曾祖、高祖五世，五世以上便要遷廟，所以是五世
則遷之宗。百世不遷的宗廟，屬於別立一支並為其始祖的大宗的正嫡後裔。
以別立一支的始祖為宗而做為其正嫡繼承者的，屬於百世不遷之宗，而以高
祖為宗而做為其繼承者的，屬於五世則遷之宗。因為尊崇祖先，所以要敬循
宗法；敬循宗法，就包含著尊崇祖先的意義。〔註50〕

　　其他諸子地位卑於嫡長子，因而「自卑別於尊」(《儀禮・喪服》)，稱為
別子。別子只能分出另立一系，他的後世即奉之為始祖，這就是「別子為祖」。
換言之崇遠堂所祭祀的是百世不遷的始祖廟，應由嫡長子繼承祭始祖廟的地
位，他既是一種責任也是正統身分地位的象徵。就《廖氏大宗譜》譜系來看，
向林公是繼承正嫡地位的嫡子，天與公相對於向林公是別子的地位，別子只
能分出另立一系，相對於嫡長子的向林公（大宗），天與公即是小宗。承祐堂
為祀奉的六世祖天與公所舉行的祭祖大典正是典型的「小宗祭祖」。

〔註49〕姜義華注譯：《新譯禮記讀本》〈喪服小記〉（臺北：三民書局印行，2000年），
　　　　頁446。
〔註50〕同上註，〈大傳〉，頁476。

　　根據崇遠堂與承祜堂的祭祖資料來看，小宗祭祖與祭始祖並無特別區分。同樣是舉行祭祖最崇高的禮節，三獻禮。可能是因爲同樣都是祭始祖，一是張廖氏之始祖（大宗），一是天與派之始祖（小宗），所以在祭祖儀節上也是大同小異。就祭品而言，承祜堂的天與公因有功名在身（天與公爲明經進士，因此可享全豬，全羊，五牲獻禮。），所以能享用的牲醴更甚於元子公（元子公所享之五牲獻禮非全豬、全羊）。因此看出崇遠堂與承祜堂的祭祖不論唐山祖或是開台祖，只要是後代子孫有心，願意用隆重的禮節來祭祀，祖先們就能享有子孫的孝心。

二、體制差異

　　承祜堂目前仍是合約字祭祀公業的組織型態。承祜堂祭祀的對象爲天與公，就天與公派下的子孫而言，天與公是屬於沒來過臺灣的唐山祖，但所採取的是合約字祭祀公業。宗親廖登渭爲了愼終追遠和凝聚宗族力量，於光緒12 年（1886）倡議興建家廟，獲得廖建三、廖國治等張廖族人熱烈響應，捐錢、獻地，推派該三人管理公業，傳至目前由廖德懷先生管理。承祜堂按四時祭祖，且由三派下輪流負責，因此無形中會產生所謂的競爭，各派下均不願落人後，所產生的結果是越來越興盛的祭祖大典。而崇遠堂產業管理歸於民國四十八年由合約字祭祀公業團體改制的財團法人廖元子公育英會，張廖祭祀公業由此脫胎換骨成爲財團法人，繼續爲普及祭祖觀念、培育後代子孫努力。但因祭祖事務屬委員會組織來管理，沒有任職的族親就顯得事不關己，因此願意出力者越來越少，向心力當然就逐漸消解。加上崇遠堂是祭祀始祖元子公，血脈相隔遙遠，宗親也漸漸搬離七崁地區，導致整個祭祖活動推行起來要號召全國宗親有一定的困難度。

第六章　結　論

綜合本文研究，將結論條列於下：

一、姓氏方面：

（一）「一嗣雙祧」為姓氏繁衍的新方式

「一嗣雙祧」是存在於民間社會的，其形成原因主要是解決血脈繼承的問題。孟子說：「不孝有三，無後為大。」〔註1〕這是自古流傳下來的孝道觀念，也深深影響著中華文化。「一嗣雙祧」不但解決血脈繼承的問題，也變成新的姓氏產生方式。

（二）「張廖」為一「變姓」

「張廖」是一雙姓，但其特殊之處不僅在於此，最特別的是「生廖死張」，不論生前姓張、姓廖或姓張廖，死後神主牌位一律書張，這是非常特殊的現象。廖三九郎因無男嗣僅有一女，因而舉行招贅之舉，招入了張愿仔，同時將張愿仔收為養子（改名為張元子），名正言順的繼承了廖氏的家業。而張愿仔本姓張，為了不忘本源，臨終時囑咐廖友來：「吾深受汝外祖父母知遇之恩，欲捨命圖報，未能如願，汝當代父報答，子孫生當姓廖，以光母族，死當姓張，以存子姓，生死不忘『張廖兩全』。」〔註2〕廖友來謹承父志，以張承廖，

〔註1〕〔宋〕朱熹集注，〔宋〕趙順孫纂疏：《四書纂疏孟子纂疏上》〈學而〉（臺北：文史哲出版社，1986年），頁1942。

〔註2〕廖丑：《西螺七崁與臺灣開拓史》（雲林縣：加隆文具印刷商行，1998年），頁449。

並立誓「凡我子孫，生則姓廖，死後書張，不違祖命，以報廖公之德。父本姓張，來源於河南清河郡衍派，雲霄西林和尙塘有祖跡，以後應回祭祖掃墓，以盡孝道，若移居外地，姓張、姓廖由其自便」。後來廖友來奉父神主往廖姓祖祠，廖族善意奉還後，友來轉奉神主往雲霄西林和尙塘張姓祖祠，並將父囑告知親族，張族嘉勉曰：「生廖死張，是一嗣雙祧，宜自立一族，以光張廖門楣。賜祠堂號爲『崇遠堂』，並賜燈一對『清河（張氏代號）衍派，汝水（廖氏代號）流芳』」。並用籃轎八臺，鼓樂送回其父神主。於是將坪賽故居中廳改爲祖祠，爲其父立祠，「張廖」二家遂成一派，自立一族。廖三九郎收廖元子爲養子，但元子因族人諍訟之事突然逝世，以致廖三九郎膝下猶虛，古制養子爲嗣，但未有養孫，因此三九郎希望孫廖友來「得正祀位」，而此事獲得邱高太祖姒的認同：「子孫孝順，母祖慈愛，竹籃爲轎之樂，猶勝八臺（八人臺之大轎）。」因此廖友來得正祀位，而廖友來也奉行父親「生時姓廖，作古姓張。」的遺命。〔註3〕所以「張廖」可說是一「變姓」。那要如何與原本的張氏區分？此時即要從堂號來區分，「清河」爲張氏，「清武」爲張廖氏。

二、崇遠堂的興建：

（一）客家族群團結精神再現

吾人均知客家族群遷臺較晚，精華之地大多已被開墾，所以只能落戶在較貧瘠的地區，然而先到臺灣開墾的墾民胼手胝足的努力，一但有了成績，便回唐山共邀親朋好友一起來開創新天地，在新的環境中一方面爲了對抗環境，另一方面緬懷自己的祖先，因此捐資購地興建宗祠祭拜祖先，以宗祠、家廟爲中心，在血緣關係的凝聚下客家族群團結精神更加的彰顯。

客家先民遷移至台爲的是能追求生活上的需求與滿足，胼手胝足開墾建設，把荒漠變成良田，把原野變成村莊，爲後代子孫建設新家園。在離鄉背景是不得已的選擇下，除了改善自我生活的品質，也仍難忘卻祖先們的德澤，因此紛紛建立起祭祀祖先的宗祠或家廟，傳承後代不數典忘祖。《論語‧學而》：「愼終追遠，民德歸厚矣。」《禮記‧郊特牲》：「萬物本乎天，人本乎祖。」〔註4〕《禮記‧坊記》：「修宗廟，敬祀事，使民追孝也。」〔註5〕在在表示出

〔註3〕同上註，頁450～451。
〔註4〕姜義華注譯：《新譯禮記讀本》〈郊特牲〉（臺北：三民書局印行，2000年），頁370。

祭祖是孝道的表現。子孫在臺灣安家立業、事業有成之後，能做的、想做的通常是翻修或是重建自己的祖居，當然心有餘力者，興建一座富麗堂皇的家廟來追思祖先，更能顯示出自己的孝心。崇遠堂及其他張廖家廟也在這種情況下紛紛興建，並於適當之時日舉行追思祖先的祭祖大典，不論是大公或是小公，凡子孫生活有所安定，對於祖先的緬懷與追思是不可缺少的，一方面為報本反始的心態，一方面則是孺慕祖先的情懷得到慰藉。崇遠堂屹立至今已八十多年，子子孫孫的心意也傳承了如此之久，但崇遠堂如何走出祭祖即將形成為制式活動的危機，有待張廖子孫好好思考。

（二）延續傳統古禮

客家人是北方漢人遷徙而來，來源之地本有悠久傳統文化，人雖因環境遷徙，但傳統卻也跟隨著人遷移，因此在客家人傳統禮俗進行中，無意之間也保留了最古老的禮俗。崇遠堂的祭祖三獻禮，雖隨著時間轉移有些許變異，但主要架構卻仍與古老的〈特牲饋食禮〉、《朱子家禮‧四時祭》相類似，進退揖讓之間中華文化又再一次展現在今人面前。

就文獻資料記載與筆者實際參觀觀察，在祭儀方面，崇遠堂大抵遵從三獻古禮（初獻、亞獻、終獻），但已漸漸簡化。祭祖前所要卜日、齋戒、設位陳器、省牲滌器具饌等，都已改良從簡。卜日因從元子公生、忌日舉辦祭典，所以也無須卜日的儀節。齋戒部分廖宗仁先生則說已省略，因眾族親分散各地，根本無從規範。設位陳器部分是除主祭者、禮生各有其位外，其他參與者自行就位，如有外縣市族親或是嘉賓蒞臨，則會空出跪墊使其優先使用，本地族親則另立兩旁。禮器擺設依圖擺放，資深者若覺不適或缺漏之處再補上。省牲滌器具饌部分，牲、饌因採買現成，所以事先備齊即可，無特殊注意事項。一切都是因應現代人時間寶貴、腳步匆忙的生活習慣。三獻禮進行之時大抵如古禮（參神、降神、進饌、初獻、亞獻、終獻、撤），因無主婦、賓長之職，所有儀節皆由主祭者一人完成。受胙儀節則未見之，因為族親眾胙肉少，工作人員分擔眾多工作，又無支薪，因此將祭祀完了之祭品分送給工作人員，慰勞其辛勞。最後的「餕」，也就是連絡宗親感情最甚者的「食公」倒是還滿熱鬧的，大家在席間紛紛說本道源，細數起自己家世背景，何時從何處搬至現居地？幾世祖遷移至臺灣，目前居住地和初時遷移時有無變動？

〔註 5〕同上註，〈坊記〉，頁 726。

誰家又有什麼變化？哪位長輩目前又如何？……等等，著實達到敬宗收族、報本反始的意義。

　　就祭品而言：廖宗仁先生所提供的書面資料與《朱子家禮》所記載的差異小些，但是實際觀察祭祀當天所準備的祭品又與書面資料相去甚遠。如下圖所示：

圖一：五牲（豬前腿、雞、香腸、魷魚、蛋）

一葷碗一青菜和白飯、五齋（麵線、炸麵、香菇、金針、木耳）、紅龜粿、三碗

圖二：崇遠堂祭祖時祭品（共有六付）

祭品包含：三牲（雞、豬、香腸）、三素碗（黑木耳、金針、香菇）、三碗餅（花生、米香、餅乾）、五果（鳳梨、蘋果、甜柿、梨子、柚子）、香爐、清酒、茶、鮮花、蠟燭

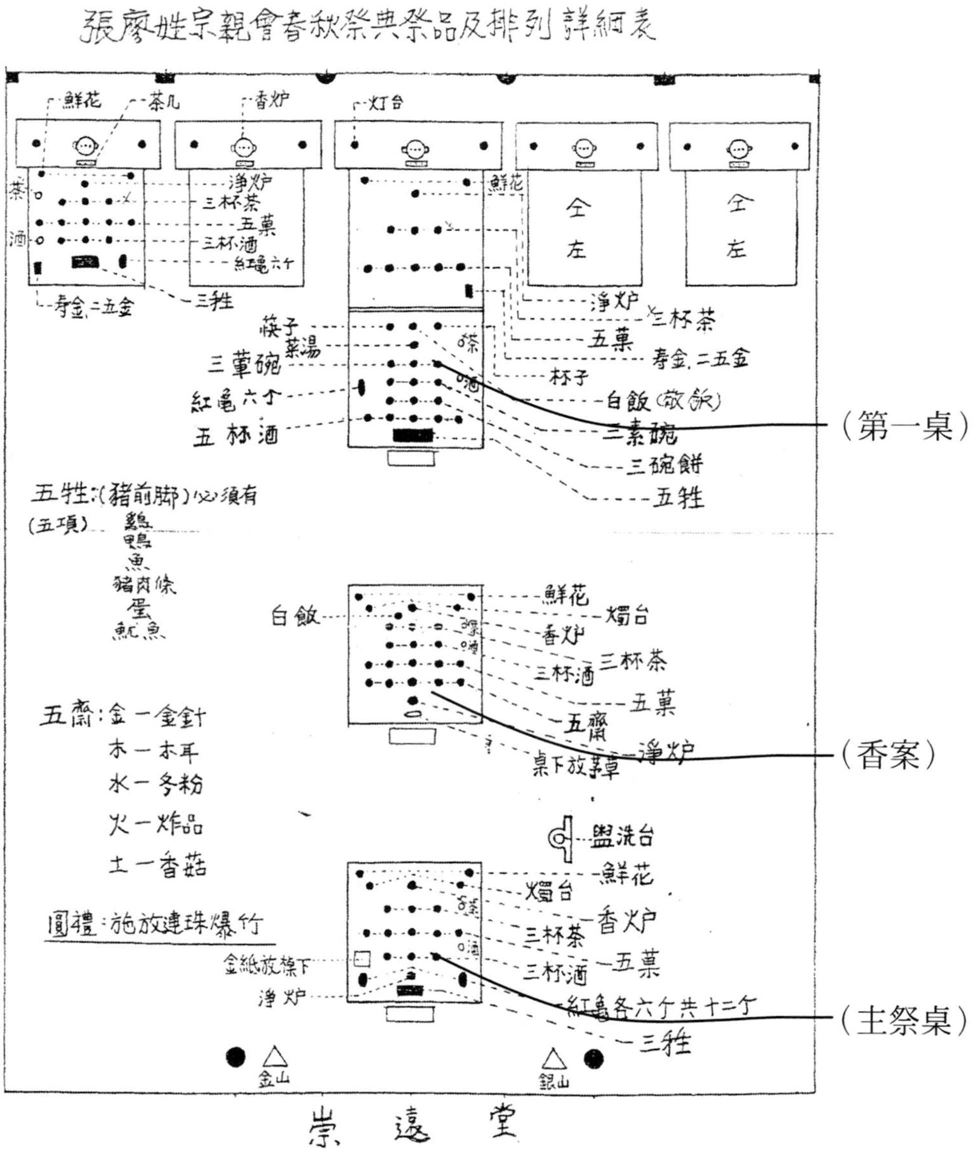

張廖姓宗親會春秋祭典祭品及排列詳細表

鮮花　茶几　香炉　灯台

淨炉
三杯茶
五菓
三杯酒
紅龜六个

茶酒

壽金二五金　　三牲

鮮花

全左　　全左

筷子
菜湯
三葷碗
紅龜六个
五杯酒

淨炉　三杯茶
五菓
壽金二五金
杯子
白飯(敬飲)
三素碗
三碗餅
五牲

（第一桌）

五牲:(豬前腳)必須有
(五項)　雞
　　　　鴨
　　　　魚
　　　　豬肉條
　　　　蛋
　　　　魷魚

五齋:金－金針
　　　木－木耳
　　　水－冬粉
　　　火－炸品
　　　土－香菇

圓禮:施放連珠爆竹

白飯

鮮花
燭台
香炉
三杯茶
三杯酒
五菓
五齋
桌下放章　淨炉

（香案）

盥洗台
鮮花
燭台
香炉
三杯茶
三杯酒
五菓

金紙放樣下
淨炉

紅龜各六个共十二个
三牲

（主祭桌）

金山　　銀山

崇遠堂

圖三：張廖姓宗親會春秋祭典祭品及排列詳細表

根據張廖姓宗親會春秋祭典祭品及排列詳細表〔註6〕與實際祭祀供桌上所擺設的祭品兩相比較，發現差異頗多：三葷碗簡化為一碗，三素碗也是變成一碗，並無菜湯。五齋應擺於香案，但實際上卻放在第一桌上、白飯僅擺放在第一桌，其餘桌上並沒有（香案應有）、三素碗本應置於第一桌，但卻變

〔註6〕廖宗仁先生提供。

成每一桌上都有、紅龜粿僅在第一桌上出現，其它桌並沒有（主祭桌也應有）。

　　就祭義而言，變異應是不多。在祭祖活動準備之時，參與者在心理上就開始懷想，越接近祭祀時間心中就越充滿過去的記憶，加上談論者越來越多，整個緬懷祖先的氣氛就更加濃烈。到了前一日或是當日，眾多的族親紛紛返鄉共襄盛舉。到了儀式進行之際，在行禮如儀中與會者從進退之際、跪拜之間，更加體會禮儀的神聖感與祖先的恩澤，如此追慕祖先之情充塞胸中，到了典禮尾聲「食公」之際，滿腔激情傾瀉而出。在喧囂熱鬧的氛圍下，報本反始、敬宗收族、追思祖先德澤以及孝道都達到最高的境界，因此祭祀的中心意義表露無疑。

（三）客家語言保存

　　張廖始祖爲詔安客家。清代自福建詔安移入者，泰半定居西螺、崙背、二崙一帶，以廖、李、鍾等姓氏爲多，過去他們講詔安客家話，一般稱爲「詔安客」。但目前因爲環境轉變，大部分居民使用的語言已不是「詔安話」，根據行政院客家委員會李委員坤錦調查，臺灣的詔安客家族群中，二崙、崙背地區的客家人除三、四十歲的中年人，年輕一輩連母語的生活語彙都不會使用，詔安客語恐將消失。這個危機也是崇遠堂祭祖大典中所要面臨的問題，因與閩南人長期接觸溝通，加上政府的說國語政策，使得年輕一輩的詔安客家人已無法使用詔安話，生活中都無法使用，將來在典禮上更是無人可以擔任傳承故鄉原味的角色。因此亟需從內部凝聚意識，喚起有心之士爲自我特殊文化付出，肩負著薪火相傳的重責大任。自助而後人助，希望「詔安話」能在祭祖大典進行中，漸漸喚起詔安客家後代的危機意識。九十六年春祭大典中禮生廖偉君將祭點過程全程錄音，希望能從祭祖活動中漸漸拾回被遺忘的鄉音，進而一步一腳印的在張廖族群慢慢恢復，最後人人能朗朗上口，使得詔安話能再次充斥於詔安客家村落中。

三、祭祖活動的變與不變：

（一）祭祖活動的不變

　　雖然崇遠堂祭祖的禮節有所改良，因時代因素祭祖活動有所修正，但如前所說，崇遠堂仍堅持。

　　1. 崇遠堂的祭祖分春秋二祭，所採用的祭祖儀節爲敬祖最高儀節「三獻禮」。

2. 在祭祖行禮如儀之際，堅持使用著來自於原鄉的詔安話。

3. 秉持著報本反始的理念。

4. 敬宗收族——「食公」活動持續進行。近年來經濟不景氣，相對的維持祭祖活動的經費也日漸減少，但為了聯繫宗親情感，崇遠堂幹部們仍然堅持「食公」是一定要的，其意義不僅讓老一輩族親回憶以往，也讓年輕的一輩知道自己的宗族是具有獨特歷史，敬宗收族的意義不在話下。

5. 視死如視生。使用煮熟、家常的祭品來祭祀祖先，猶如祖先仍降臨在左右，如其生前與子孫共飲共食，享受著家庭溫暖，在在提醒後代子孫緬懷祖先。

（二）祭祖活動的變

因應時代變遷和因應現實生活狀態，崇遠堂祭祖活動也有所變革。

1. 組織型態從原本的合約字祭祀公業於民國四十二年成立張廖宗親會，更於民國四十八年成立財團法人廖元子公育英會，改變祭祀公業的體質，讓祭祖活動的腳步能越走越寬廣。

2. 祭祀儀節的省略導致祭祀時間的縮短。

3. 活動為宗親屬性，婦女（不論本家或是外姓婦女）只能扮演幕後忙碌的角色，無法登上祭祖第一線的舞台。

4. 最後因經濟因素或是基於顯揚先祖的名聲，而採取地位聲望高者來擔任主祭者。

四、與臺中承祐堂相異原因：

臺中承祐堂的祭祖儀式和雲林崇遠堂的祭祖儀式，有些是相似有些卻又不同，是什麼原因導致的呢？

（一）別子為祖

臺中承祐堂供奉的是六世祖天與公，並不是嫡長子的身分，因此依照宗法制度，必須所謂另立一系，他的後世即奉之為始祖，這就是「別子為祖」。相對於嫡長子的向林公（大宗），天與公即是小宗，承祐堂所舉行的祭祖大典正是典型的「小宗祭祖」。

（二）體制差異

承祐堂目前仍是合約字祭祀公業的組織型態，而崇遠堂產業管理歸於民國四十八年由合約字祭祀公業團體改制的財團法人廖元子公育英會，張廖祭祀公業由此脫胎換骨成爲財團法人，祭祖事務屬委員會組織來管理。

經本文研究探討希望能使大眾更了解雲林縣詔安客家人的存在，也希望社會能關注一個即將消失的特殊族群，不是人種的毀滅而是特殊的語言、不同的祭典形式，唯有實值的關注才能重建理想的生存環境。

參考書目

一、古籍

經

1. 〔漢〕鄭玄箋注：《毛詩鄭箋》（臺北：學海出版社，2001年再版）。

2. 《尚書》《十三經注疏本》（臺北：藝文印書館）。

3. 《周禮》《十三經注疏本》（臺北：藝文印書館）。

4. （漢）鄭玄注，（唐）賈公彥疏：《周禮注疏》（臺北：藝文印書館，1997年8月，初版13刷，十三經注疏本）。

5. 《儀禮》《十三經注疏》（臺北：藝文印書館）。

6. 《禮記》《十三經注疏》（臺北：藝文印書館）。

7. 《左傳》《十三經注疏》（臺北：藝文印書館）。

8. 《公羊傳》《十三經注疏》（臺北：藝文印書館）。

9. 《春秋公羊傳注疏》《十三經注疏本》（一八一五年阮元刻本）。

10. 《春秋左傳正義》〈定公四年〉十三經注（一八一五年阮元刻本）。

11. 國立編譯館主編：《春秋左傳正義》（臺北：新文豐出版社，2001年）。

12. 《穀梁傳》《十三經注疏》（臺北：藝文印書館）。

13. 《孝經》《十三經注疏》（臺北：藝文印書館）。

14. 唐玄宗注，〔宋〕邢昺疏：《孝經注疏》（《十三經註疏》臺北：藝文印書館）。

15. 〔宋〕朱熹集注，〔宋〕趙順孫纂疏：《四書纂疏》（臺北：文史哲出版社，1986年）。

16. 陳立：《白虎通疏證》（北京：中華書局，1994年8月一版）。

史

17. 〔漢〕司馬遷撰,會合三家注:《新校史記三家注》（臺北:世界書局,1983年）。

18. 班固:《漢書》（臺北:臺灣商務印書館,1996 年）（百衲本二十四史宋景宗刊本）。

19. 〔南朝宋〕范曄:《後漢書》（臺灣商務印書館,1996 年）。

20. 〔五代〕劉昫:《舊唐書》（臺北市:藝文印書館）。

21. （唐）房玄齡等奉唐太宗御撰,何超音義:《晉書》（臺北:臺灣中華書局,1971 年,臺二版）（據武英殿本校刊）。

22. （唐）魏徵:《隋書》（百衲本二十四史,臺北:臺灣商務印書館,1988年）。

23. （唐）歐陽修、宋祁:《新唐書》（百衲本二十四史,臺北市:臺灣商務,1988 年）。

24. 〔元〕脫脫:《宋史》（臺北市:藝文印書館）。

25. 國史館校註:《清史稿校註》（臺北:臺灣商務印書館,1999 年）。

26. 左丘明撰,吳韋昭注:《國語》（臺北:臺灣中華書局印行,1983 年臺五版）。

子

27. 〔清〕王先謙:《荀子集解》（臺北:藝文印書館,1973 年 9 月）。

28. 《列子譯注》（臺北:書林有限公司,1995 年 8 月一版）。

29. 《呂氏春秋全譯》（貴州:貴州人民出版社,1997 年 12 月第一次印刷）。

30. 〔漢〕劉安撰,〔漢〕高誘注:《淮南子》（臺北市:臺灣中華書局,1993年）。

31. 〔漢〕王充:《論衡》（黃暉撰《論衡校釋》北京:中華書局,1990 年 2月第 1 版）。

32. （漢）王符撰,汪繼培箋:《潛夫論箋》（臺北市:世界出版社,1956 年）。

33. 〔漢〕桓寬:《鹽鐵論》（臺北市:臺灣中華書局,1985 年）。

34. 王逸:《楚辭章句》（臺北:萬象圖書,1997 年 5 月）。

集

35. 〔魏〕吳普等述:（〔清〕孫星衍、孫馮翼同輯:《神農本艸經》（臺北市:臺灣中華,1987 年）。

36. （唐）杜佑:《通典》（北京:中華書局,1988 年 12 月）。

37. （唐）杜佑:《通典》（臺北:臺灣商務印書館,1987 年）。

38. 〔唐〕陸羽:《陸羽全集》(桃園縣:茶學文學出版社,1985 年)。

39. 〔宋〕羅泌:《路史》(臺北市:臺灣商務,1979 年)。

40. 〔宋〕朱熹:《文公家禮儀節》(明正德戊寅十三年常州重刊本,明邱濬重編)。

41. (宋) 鄭樵:《通志》(臺北:臺灣商務印書館有限公司,1987 年 12 月台一版)。

42. (宋) 李昉:《太平御覽》(臺北,新興書局,民 48)。

43. 〔宋〕司馬光:《司馬溫公集》(臺北:臺灣中華書局,1987 年)。

44. 〔元〕馬端臨:《文獻通考》(臺北:商務印書館,1987 年 12 月)。

45. (清)《清朝文獻通考》(臺北:商務印書館,1987 年 12 月)。

46. (清) 秦蕙田著、秦蕙田、盧文弨、姚鼐等手校:《五禮通考》。

47. (清) 趙翼:《陔餘叢考》(臺北:華世出版社,107 年 10 月初版,369 頁)。

48. (清) 朱駿聲:《說文通訓定聲》〈解部第十一〉,頁 21 (臺北:藝文印書館,1966 年)。

49. (清) 段玉裁:《說文解字注》(臺北:藝文印書館,1999 年七版)。

50. (清) 凌廷堪著,彭林點校:《禮經釋例》(臺北:中央研究院中國文哲研究所,2001 年初版)。

51. (清) 顧炎武撰,〔清〕黃汝成集釋:《日知錄集釋》(臺北市:臺灣中華書局,1976 年)。

52. (清) 錢大昕:《十駕齋養新錄》(臺北市:臺灣中華出版社,1982 年)。

二、專書(依作者姓氏筆劃)

1. 毛漢光:《中國中古社會史論》(臺北市:聯經出版事業股份有限公司,1988 年初版)。

2. 王貴民:《中國禮俗史》(臺北:文津出版社,1993 年初版)。

3. 王必昌:《重修臺灣縣志》(臺北市:臺灣大通,1984 年)。

4. 王文科:《教育研究法》(臺北市:五南書局,2001 年)。

5. 孔永松:《客家宗族社會》(福建:福建教育出版社,1995 年)。

6. 仇德哉,鄒韓燕:《雲林縣志稿》(臺北市:成文出版社,1983 年)。

7. 中央研究院民族學研究所資料彙編編輯委員會:《民族學研究所資料彙編》(臺北市:中央研究院民族所,1990 年)。

8. Anne V.Gormly 原著,王淑芬等編譯:《人類發展學》(臺北市:高立書局,2000 年)。

9. 朱筱新:《中國古代禮儀制度》(臺北:臺灣商務印書館股份有限公司,1994 年初版)。

10. 朱鳳瀚：《商周家族形態研究》（天津市：天津古籍出版社，2004 年）。

11. 朱岑樓：《婚姻研究》（臺北市：東大出版社，1991 年）。

12. 呂思勉：《中國制度史》（上海：上海教育出版社，2005 年第二版第一刷）。

13. 呂子振：《家禮大成》（台南：西北出版社，1975 年 7 月出版）。

14. 汪文濤：《中國家族觀念對政治民主化的影響》（臺北市：正中書局，1986 年）。

15. 汪澤樹：《姓氏‧名號‧別稱：中國人物命名習俗》（成都：四川人民出版社，2003 年重印）。

16. 汪毅夫：《客家民間信仰》（福州市：福建教育出版社，1995 年）。

17. 李衡眉：《論昭穆制度》（臺北市：文津出版社，1992 年初版）。

18. 李曉東：《中國封建家禮》（臺北市：文津出版社，1989 年）。

19. 李安宅：《《儀禮》與《禮記》之社會學的研究》（上海市：上海人民，2005 年）。

20. 李阿成，陳運棟，彭富欽主編：《客家禮俗之研究》（苗栗縣：中華文化復興運動推行委員會台灣省苗栗縣總支會，1989 年 11 月）。

21. 吳十洲：《兩周禮器制度研究》（臺北：五南圖書出版公司、中華發展基金管理委員會聯合出版，2004 年，初版）。

22. 杜正勝：《周代城邦》（臺北：聯經出版事業公司，1985 年）。

23. 邱衍文：《中國上古禮制考辨》（臺北市：文津出版社，1992 年）。

24. 周何：《春秋吉禮考辨》（臺北市：嘉新水泥文化基金會，1970 年）。

25. 林素英：《古代祭禮中之政教觀：以禮記成書前爲論》（臺北市：文津出版社，1997 年）。

26. 林生傳：《教育研究法：全方位的統整與分析》（臺北市：心理出版社，2003 年）。

27. 林川夫主編：《民俗臺灣》（臺北：武陵出版社，1998 年）。

28. 姜義華注譯，黃俊郎校閱：《新譯禮記讀本》（臺北：三民書局股份有限公司，2000 年）。

29. 柳立言：《中國近世家族與社會學術研討會論文集》（臺北市：中研院史語所，1998 年）。

30. 柯佩怡：《臺灣南部客家三獻禮之儀式與音樂》（臺北：文津出版社有限公司，2005 年，一刷）。

31. 徐正光：《徘徊於族群和現實之間：客家社會與文化》（臺北市：正中書局 1991 年）。

32. 徐正光：《客家文化研討會論文集》（臺北市：文建會，1994 年）。

33. 徐正光：《聚落、宗族與族群關係：第四屆國際客家學研討會論文集》（臺北市：中央研究院民族學研究所，2000 年）。

34. 徐福全：《臺灣民間祭祀禮儀》（新竹市：臺灣省立新竹社會教育館，1996 年，再版）。

35. 江永輝主稿：《客家禮儀》（苗栗縣公館鄉公所：順興印刷廠，1998 年 4 月）。

36. 晁福林：《先秦民俗史》（上海市：上海人民出版社，2001 年）。

37. 連橫，臺灣銀行經濟研究室：《臺灣通史》（臺北市：眾文出版社，1979 年）。

38. 莊英章：《家族與婚姻：臺灣北部兩個閩客村落之研究》（臺北市：中研院民族所，1994 年初版）。

39. 陳其南：《婚姻家族與社會：文化的軌跡（下冊）》（臺北市：允晨出版社，1986 年初版）。

40. 陳其南：《家族與社會：臺灣與中國社會研究的基礎理念》（臺北市：聯經出版事業股份有限公司，2004 年，初版四刷）。

41. 陳其南：《臺灣的傳統中國社會》（臺北市：允晨出版社，1991 年）。

42. 陳支平：《五百年來福建的家族與社會》（臺北市：揚智文化事業股份有限公司，2004 年初版一刷）。

43. 陳支平：《客家源流新論──誰是客家人》（臺北市：臺原出版社，1998 年第一版第一刷）。

44. 陳運棟：《臺灣的客家禮俗》（臺北市：臺原出版社，1999 年第一版六刷）。

45. 陳運棟：《臺灣的客家人》（臺北市：臺原出版社，1998 年第一版八刷）。

46. 陳紹馨：《臺灣的人口變遷與社會變遷》（臺北市：聯合報，1979 年）。

47. 陳瑞隆，魏英滿：《臺灣姓氏源由》（臺南市：世峰出版，2000 年，裕文堂總經銷）。

48. 常金倉：《周代禮俗研究》（臺北：文津出版社，1993 年初版）。

49. 張鶴泉：《周代祭祀研究》（臺北：文津出版社，1993 年初版）。

50. 張光直：《中國青銅時代》（臺北：聯經出版事業公司，1991 年）。

51. 張元愷：《臺灣張廖簡宗親全國總會特刊》（2003 年 7 月 27 日）。

52. 章景明：《殷周廟制論稿》（臺北：臺灣學生書局，1979 年）。

53. 郭生玉：《心理與教育研究法》（臺北市：大世紀，1981 年）。

54. 國立聯合大學：《第二屆苗栗學學術研討會論文集》（苗栗縣：國立聯合大學，2007 年 1 月）。

55. 清水盛光著，宋念慈譯：《中國族產制度考》（臺北市：中國文化大學出版部，1986 年）。

56. 陰法魯：《古代禮制風俗漫談》（臺北市：群玉堂發行，1992 年）。

57. 馮爾康：《中國古代宗族與祠堂》（臺北市：臺灣商務印書館股份有限公司，2002 年初版二刷）。

58. 曾彩金：《六堆客家社會文化發展與變遷之研究，宗教與禮俗篇》（屏東市：六堆文教基金會，2001 年）。

59. 曾喜城：《臺灣客家文化研究》（臺北市：國立中央圖書館臺灣分館，1999年）。

60. 曾逸昌：《客家概論蛻變中的客家人》（苗栗縣：曾逸昌，2003 年）。

61. 黃純青、林熊祥：《臺灣省通志稿》（臺北市：捷幼出版社，1999 年）。

62. 黃淑娉：《黃淑娉人類學民族學文集》（北京市：民族出版社，2003 年）。

63. 黃有志：《社會變遷與傳統禮俗》（臺北市：幼獅出版社，1991 年）。

64. 程見勝：《西螺演義》（雲林縣斗六市：雲林縣文化局，2003 年）。

65. 鄒昌林：《中國古禮研究》（臺北：文津出版社，2000 年初版）。

66. 楊家駱主編：《孝經孟子注疏及補正》〈開宗明義章第一〉（臺北：世界書局，1981 年 11 月）。

67. 楊家駱主編：《新校本漢書并附編二種》（臺北市：鼎文，1978～1979 年）。

68. 路易斯·摩爾根著，劉峰譯：《古代社會》（北京：中國社會出版社，1999年）。

69. 葛晨虹：《中國古代的風俗禮儀研究》（臺北：文津出版社有限公司，2001年初版）。

70. 廖丑：《西螺七崁開拓史》（臺北市：前衛出版社，1998 年初版第一刷）。

71. 廖丑：《西螺七崁與臺灣開拓史》（雲林縣：非賣品，1998 年）。

72. 趙錫如主編：《辭海》（臺北縣：六統貿易股份有限公司，2003 年七月）。

73. 鄧憲卿主編，臺灣族群變遷研討會：《臺灣族群變遷研討會論文集》（南投市：臺灣省文獻會委員會，1999 年）。

74. 蔡相煇：《臺灣的祠祀與宗教》（臺北市：臺原出版社，1993 年第一版四刷）。

75. 蔡相煇，吳永猛編著：《民間信仰》（臺北：國立空中大學，2001 年初版）。

76. 鄭金德：《人類學理論發展史》（臺北市：臺灣商務，1980 年）。

77. 錢杭：《血緣與地緣之間：中國歷史上的聯宗與聯宗組織》（上海：上海社會科學院出版社，2001 年）。

78. 錢玄，錢興奇編著：《三禮辭典》（江蘇古籍出版社，1998 年 3 月第一版）。

79. 劉還月：《臺灣客家族群史：臺灣客家的初墾與二次移民》（南投市：臺灣省文獻委員會，2001 年初版）。

80. 劉還月：《臺灣的客家族群與信仰》（臺北市：常民文化事業股份有限公司，2003年初版）。

81. 劉還月：《臺灣的客家人》（臺北市：常民文化事業股份有限公司，2003年第一版二刷）。

82. 劉黎明：《祠堂·靈牌·家譜：中國傳統血緣親族習俗》（成都市：四川人民出版社，2003年第一版）。

83. 劉曉春：《儀式與象徵的秩序：一個客家村落的歷史、權利與記憶》（北京市：商務印書館，2003）。

84. 劉曄原、鄭惠堅：《中國古代祭祀》（臺北：臺灣商務印書館股份有限公司，2001年6月）。

85. 謝金鑾、鄭兼才：《續修臺灣縣志》（臺北市：臺灣大通出版社，1984年）。

86. 謝苗諾夫：《婚姻和家庭的起源》中譯本（北京：中國社會科學出版社，1983年）。

87. 禮儀民俗論述專輯編輯小組：《禮儀民俗論述專輯》（臺北市：內政部，1989年增訂第二版）。

88. 羅香林：《客家研究導論》（臺北市：南天書局有限公司，1992年）。

89. 蘇冰、魏林：《中國婚姻史》（臺北市：文津出版社，1994年）。

90. 籍秀琴：《中國姓氏源流史》（臺北市：文津出版社有限公司，1998年）初版。

91. 顧寶田、鄭淑媛、黃俊郎注譯：《新譯儀禮讀本》（臺北市：三民書局股份有限公司，2002年）。

92. 龔鵬程：《思想與文化》（臺北市：業強出版社，1986年初版）。

93. 龔鵬程：《唐代思潮》（宜蘭市：佛光人文社會學院，2001年第一版）。

94. 龔鵬程：《龔鵬程年度學思報告》（宜蘭市：佛光人文社會學院，2001年第一版）。

三、期刊論文

1. 王大良：〈姓氏、家譜與民族凝聚力〉，《臺灣源流》，37，2006年12月，頁31～36。

2. 王源東：〈臺灣常民文化內容之探究〉，《人文藝術學報》，4，2005年3月，頁283～300。

3. 王立文，孫長祥：〈祭祖儀式意涵之探索〉，《佛學與科學》，6：2，2005年7月，頁52～58。

4. 吳正龍：〈彰化福佬客之研究——員林鎮挖仔與菜公堂聚落的調查〉，《客家文化研究通訊》，7，2005年4月，頁23～57。

5. 吳中杰:〈臺灣漳州客家分佈與文化特色（上）〉,《臺灣源流》,21,2001
年 3 月,頁 116～123。

6. 吳中杰:〈臺灣漳州客家分佈與文化特色（下）〉,《臺灣源流》,22,2001
年 6 月,頁 125～133。

7. 李坤錦:〈詔安客家人在臺灣的開墾與分佈〉,《客家文化研究通訊》,1,
1998 年 10 月,頁 85～90。

8. 邱德修:〈客家牢禮考源〉《第二屆苗栗學學術研討會論文集》（苗栗縣:
國立聯合大學,2007 年 1 月）,頁 12。

9. 季旭昇:〈《上博二・昔者君老》簡文探究及其與《尚書・顧命》的相關
問題〉,《中國文哲研究集刊》,24,2004 年 3 月,頁 253～292。

10. 林瑤棋:〈西庄陳氏家族詔安尋根記實〉,《歷史月刊》,224,2006 年 9
月,頁 11～18。

11. 林瑤棋:〈臺灣漢人常見的姓氏聯宗〉,《國立歷史博物館館刊》,8:3,
1998 年 3 月,頁 29～31。

12. 林瑤棋:〈臺灣閩客族群的血緣與修譜新觀念〉,《臺灣學研究通訊》,2,,
2006 年 12 月,頁 102～112。

13. 林正慧:〈從客家族群之形塑看清代臺灣史志中之「客」——「客」之書寫
與「客家」關係之探究〉,《國史館學術集刊》,10,2006 年 12 月,頁 1～61。

14. 林正慧:〈閩粵？福客？清代臺灣漢人族群關係新探——以屏東平原爲起
點〉,《國史館學術集刊》,6,2005 年 9 月,頁 1～60。

15. 周何:〈宗法簡述〉,《國文天地》,14:4=160,1998 年 9 月,頁 52～55。

16. 金善豐著,徐瓊譯:〈歲時禮俗中的環境觀〉,《國文天地》,17:9＝201,
2002 年,頁 28～35。

17. 洪金錐:〈第三級古蹟——張廖家廟〉,《大墩文化》,17,2001 年 4 月,
頁 17～18。

18. 侯凤芳:〈客家村落祭祀、喪禮活動之研究〉,《人力發展》,62,1999 年
3 月,頁 49～57。

19. 黃有志:〈淺析中國傳統禮俗中的道德教化運作〉,《臺灣教育》,586,1999
年 10 月,頁 37～47。

20. 許素娥:〈宗族意識與地域文化之研究——以劉日燕宗族爲例〉,《第三屆
苗栗學學術研討會論文集》（苗栗縣:國立聯合大學,2007 年 6 月）,頁
115～135。

21. 張振華,常華:〈中國歲時節令禮俗〉,《河北平津文獻》,24,1998 年 1
月,頁 47～173。

22. 張開龍:〈閩臺客家人文化心態比較〉,《臺灣源流》,32,2005 年 9 月,
頁 133～140。

23. 張開文：〈客家與閩西關係概述〉，《臺灣源流》，19，2000 年 9 月，頁 122 ～128。

24. 陳秋坤：〈潘頭家祭祖〉，《歷史月刊》，222，2006 年 7 月，頁 61～67。

25. 莊華堂：〈客家人、福佬客的開發背景的現況〉，《歷史月刊》，134，1999 年 3 月，頁 72～78。

26. 郭伶芬：〈清代彰化平原福客關係與社會變遷之研究——以福佬客的形成 爲線索〉，《臺灣人文生態研究》，4：2，2002 年 7 月，頁 1～55。

27. 傅信玉：〈中國古代宗法社會之政治倫理觀探析〉，《致理學報》，12，1999 年 6 月，頁 9～29。

28. 董金裕：〈傳統禮俗在法治社會中的作用〉，《儒教文化研究》，3，2003 年，頁 59～69。

29. 楊國鑫：〈現階段客家學的定位：從方法論的角度探討〉，《思與言》，43： 2，2005 年 6 月，頁 11～41。

30. 趙林：〈論商代的父與子〉，《漢學研究》，21：1=42，2003 年 6 月，頁 1～22。

31. 廖經庭：〈通霄李氏公廳的客家祭儀活動〉，《臺灣文獻》，別冊 17，2006 年 6 月，頁 2～8。

32. 廖經庭：〈祭祖展演與家族記憶：彭姓崇本嘗會祭祖的田野調查研究〉，《客 家文化研究通訊》，8，2006 年 4 月，頁 150～177。

33. 劉煥雲：〈臺灣客家學初探〉，《漢學論壇》，2，2003 年 6 月，頁 125～147。

34. 劉煥雲：〈二十一世紀台灣多元化政策與客家文化保存之道〉，《廣東省中 山大學人類學系學報》（廣東省：中山大學，2007 年 3 月），第 10 期， 頁 11～19。

35. 劉煥雲：〈全球化、民主化與本土化——台灣客家文化政策之研究〉，《第 二屆客家文化學術研討會論文》（屏東縣：美和技術學院，2003 年 12 月）， 頁 156～173。

36. 劉煥雲、張民光、黃尚煃：〈客家「公廳」與「阿公婆牌」之研究〉，《第 二屆苗栗學學術研討會論文集》（苗栗縣：國立聯合大學，2007 年 1 月）， 頁 53～76。

37. 劉煥雲、張民光、黃尚煃：〈臺灣客家陰宅「佳城」及其文化之研究〉，《第 二屆苗栗學學術研討會論文集》（苗栗縣：國立聯合大學，2007 年 1 月）， 頁 541～565。

38. 劉芳佑、劉煥雲、張民光、黃尚煃：〈從李氏公廳客家祭儀展演論及臺灣 客家文化保留之道〉，《第二屆苗栗學學術研討會論文集》（苗栗縣：國立 聯合大學，2007 年 1 月），頁 245～264。

39. 韓碧琴：〈《儀禮》〈少牢饋食禮〉〈特牲饋食禮〉儀節之比較研究〉，《國 立中興大學臺中夜間部學報》，3，1997 年，頁 1～50。

40. 韓碧琴：〈《儀禮》祭禮之服飾比較研究〉，《國立中興大學臺中夜間部學報》，2，1996 年，頁 1～34。

四、學位論文

1. 廖秋娥：〈觀音鄉閩客村落的宗族組識與生活方式〉（臺北：國立臺灣師範大學地理研究所，1989 出版）。

2. 師瓊珮：〈《朱子家禮・四時祭》對家的理解——以祠堂為探討中心〉（臺北縣：中國文化大學史學研究所，2002 年）。

3. 郭文涓：〈家廟祭祖研究——以臺中市張廖家廟為例〉（臺中市：國立中興大學中國文學系，2003 年）。

4. 施諭靜：〈此客非彼客？——從詔安客家的認同行動談起〉（雲林縣斗六市：國立雲林科技大學文化資產維護研究所，2004 年）。

5. 黃慶聲：〈家廟祭祀行為與建築空間關係初探：以臺中市家廟為例〉（雲林縣斗六市：國立雲林科技大學文化資產維護研究所，2004 年）。

6. 卓雯雯：〈臺灣傳統家廟建築及空間組織初探：以臺中市家廟為例〉（雲林縣斗六市：國立雲林科技大學文化資產維護研究所，2005 年）。